MÉLANIE DUPUIS
PÂTISSERIE & PÉDAGOGIE

LE GRAND MANUEL DU PÂTISSIER

ET VOS RÊVES GOURMANDS DEVIENNENT RÉALITÉ

PHOTOGRAPHIES DE PIERRE JAVELLE
ILLUSTRATIONS DE YANNIS VAROUTSIKOS
COMPLÉMENTS SCIENTIFIQUES DE ANNE CAZOR
STYLISME DE ORATHAY SOUKSISAVANH

Le Grand Manuel du Pâtissier
©Hachette-Livre(Marabout), 2014
de Mélanie Dupuis et Anne Cazor

Japanese translation rights arranged with Hachette-Livre, Paris
Through Tuttle-Mori Agency, Inc.,Tokyo

美しいフランス菓子の教科書

レシピ＆解説：メラニー・デュピュイ
写真：ピエール・ジャヴェル
絵：ヤニス・ヴァルツィコス
技術説明：アンヌ・カゾール
訳：河 清美

本書の使い方

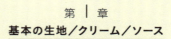

第 1 章
基本の生地／クリーム／ソース

生地、クリーム、グラサージュ、デコレーション、ソースなどのお菓子作りに欠かせないベースのレシピをまとめました。各ベースの特徴と作り方を、イラストと写真で説明しています。

第 2 章
パティスリー（お菓子）

前章で紹介した基本のベースを組み合わせて作るお菓子のレシピを紹介しています。レシピには、使用するベースの作り方の参照元（ページ）を記載しています。お菓子の構成をイラストで表し、材料の準備、ベース作り、ケーキの組み立てなどの各プロセスを、写真とともに解説しています。

第 3 章
用語解説

材料の扱い方、主な基本技法をより良く理解していただくための、イラストと写真による手引きです。

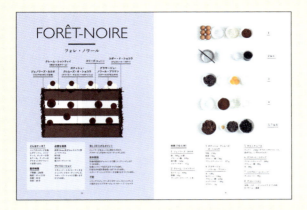

ケーキや生地の構造と特徴、上手に仕上げるポイントなどをイラストと文書で解説しています。製作時間はあくまで目安です。必要な道具には、泡立て器やボウル等の基本的な道具は明記しておりませんので、ご注意ください。

材料を写真と材料表で紹介しています。なお、写真と材料表の分量が異なる場合がありますが、材料表の分量を参考にしてください。

上部に製作工程の写真を、下部に手順の解説を載せています。

仕上がりイメージです。

お菓子を作りはじめる前に

- 本書では、計量が必要な材料の分量はg（グラム）で記載しています。
- 材料表のバターは、指定のない場合はすべて「食塩不使用バター」を使用します。
- 材料表の生クリームは、指定のない場合はすべて、乳脂肪分35〜38%のものを使用します。
- 材料表の塩は指定のない場合はすべて、精製塩を使用します。
- 材料表のチョコレートは製菓用（クーベルチュール）を使用します。なお本書では、ブラックチョコレートはカカオ含有量55%以上のものを、ミルクチョコレートはカカオ含有量35〜41%のものを、ホワイトチョコレートはカカオ含有量34%以上のものを使用しています。
- 打ち粉、型、天板等に塗るバター、粉等はすべて分量外です。
- 生地を伸ばす時に使用する打ち粉には、均一に散りやすい強力粉を用います。
- シャンティイを作る、クレーム・パティシエールを冷やす、板ゼラチンを戻す（水温が高い場合）といった作業には氷が必要になるので、氷を用意しておくと便利です。
- 天板はフッ素樹脂加工のものを使用しますが、ない場合は表面に薄くバターをはけで塗るか、紙（オーブンシート）を敷いてください。
- 表示のオーブンの温度や焼成時間はあくまでも目安です。オーブンの機種や特性に応じて適宜調節してください。家庭用オーブンの場合、焼成温度より20〜30℃高めの設定で予熱を十分に行ってください。
- シュー生地を焼く際にオーブンを開けて蒸気を外に出す工程がありますが、シュー生地が膨らむ前に開けないように十分に注意してください。
- 作業する室温は15〜20℃を想定しています。常温にする場合はこの温度まで冷まし（温め）ます。
- 本書に掲載されている材料の中には、日本では手に入れにくいものもありますが、代用品や注意書きを記載しています。

SOMMAIRE

目次

第 1 章

**基本の生地／
クリーム／ソース**

パータ・フォンセ
（敷き込み生地）.....................10

パート・ルヴェ（発酵生地）..........20

パート・キュイット
（加熱して作る生地）.....................28

パート・バテュ
（泡立ててふんわり仕上げた生地）.....32

パータ・ムラング
（メレンゲ生地）.....................42

シュクル・キュイ（糖液）.............48

クレーム（クリーム）.....................52

グラサージュ（上がけ、糖衣）.......76

デコール（デコレーション）............82

ソース.....................88

第 2 章

パティスリー（お菓子）

グランガトー.....................94

アントルメ.....................110

タルト.....................142

シュー菓子.....................174

ブリオッシュ菓子.....................192

パイ菓子.....................206

メレンゲ菓子.....................218

パン屋の菓子.....................246

第 3 章

用語解説

道具.....................268

基礎.....................270

型の準備.....................271

絞り袋と口金.....................272

口金の種類とデコレーション....273

デコール／デコレーション.......274

ブール／バター.....................276

クレーム／クリーム.................277

シュクル／砂糖.....................278

卵.....................279

ショコラ／チョコレート...........280

着色料、香味料、果物...........281

シューの作り方.....................282

マカロンの作り方...................283

パート／生地.....................284

菓子名索引

ア

アパレイユ・ア・ボンブ 58
アントルメ・オ・カラメル 114
アントルメ・オ・ジャンドゥーヤ ... 122
アントルメ・トロワ・ショコラ 110
ヴァシュラン・ア・ラ・
ヴァニーユ 238
エクレール・オ・ショコラ 174
オペラ 102

カ

ガトー・マカロン・ヴァニーユ−
フランボワーズ 230
ガナッシュ・クレムーズ 72
カラメル 48
ガレット・デ・ロワ 214
クーリ・ド・フランボワーズ 90
クッキー 256
グラース・ロワイヤル 81
グラサージュ・ショコ−レ 79
グラサージュ・ブラン 78
クレーム・アングレーズ 60
クレーム・オ・シトロン 74
クレーム・オ・ブール 54
クレーム・シブースト 66
クレーム・ダマンド 64
クレーム・ディプロマット 68
クレーム・バヴァロワーズ 70
クレーム・パティシエール 52
クレーム・ムースリーヌ 56
クロワッサン 202

サ

サブレ・カラメル−ポム 170
サントノーレ 184
ジェノワーズ 32
シガレット・リュス 260
シャルロット・ピスターシュ−
フリュイルージュ 134
シャンティイ 62
シュー・クロカン・ア・ラ・
ピスターシュ 180
シュクセ・オ・ノワ 242
ソース・オ・カラメル 91
ソース・オ・ショコラ・オ・レ 89
ソース・プロフィットロール 88

タ

タルト・ア・ラ・ヴァニーユ 164
タルト・エグゾティック 130
タルト・オ・シトロン・ムランゲ ...142
タルト・オ・シュクル 198
タルト・オ・ショコラ 160
タルト・オ・ノワ・ド・ペカン 168
タルト・オ・フレーズ 154
タルト・パッション 156
タルト・フィーヌ・オ・ポム 204
タルトレット・オ・シトロン・
ヴェール 146
タルトレット・シブースト−
フランボワーズ 150
チーズケーキ 248
ティラミス 118
デコール・アン・シュクル 84
デコール・アン・ショコラ 86
ドーム・クール・グリオット 126
トロペジェンヌ 200

ナ

ヌガティーヌ 50

ハ

パータ・クロワッサン 24
パータ・シュー 28
パータ・ババ 22
パート・サブレ 12
パート・シュクレ 14
パート・ダマンド（マジパン）........82
パート・フイユテ 16
パート・ブリゼ・シュクレ 10
パート・ルヴェ・ア・ブリオッシュ ..20
ババ・オ・ラム 194
パリ−ブレスト 182
パン・オ・ショコラ...............202
ピエス・モンテ 188
ビスキュイ・ア・ラ・
キュイエール 36
ビスキュイ・オー・ショコラ・
サン・ファリーヌ 40
ビスキュイ・シュクセ 38
ビスキュイ・ジョコンド 34
ビュッシュ・ショコ−レ 138
フィナンシエ 254
フォレ・ノワール 94

フォンダン 80
フラン・パティシエール 246
ブリオッシュ 192
フレジエ 98

マ

マカロン・ア・ラ・ヴァニーユ 218
マカロン・オ・ショコラ 222
マカロン・ペルル・ルージュ 226
マドレーヌ 252
ミルフイユ 206
ミルフイユ・マロン−カシス 210
ムラング・イタリエンヌ 44
ムラング・スイス 46
ムラング・フランセーズ 42
モカ 106
モワルー・オ・ショコラ 258
モンブラン 234

ラ

ラング・ド・シャ 262
ルリジューズ・オ・カフェ 176
ロシェ・プラリネ 264

CHAPITRE 1
LES BASES
DE LA PÂTISSERIE

第 1 章
基本の生地
クリーム／ソース

パータ・フォンセ（敷き込み生地）

パート・ブリゼ・シュクレ 10
パート・サブレ 12
パート・シュクレ 14
パート・フイユテ 16

パート・ルヴェ（発酵生地）

パート・ルヴェ・ア・
ブリオッシュ 20
パータ・ババ 22
パータ・クロワッサン 24

パート・キュイット（加熱して作る生地）

パータ・シュー 28

パート・バテュ
（泡立ててふんわり仕上げた生地）

ジェノワーズ 32
ビスキュイ・ジョコンド 34
ビスキュイ・ア・ラ・
キュイエール 36
ビスキュイ・シュクセ 38
ビスキュイ・オ・ショコラ・
サン・ファリーヌ 40

パータ・ムラング（メレンゲ生地）

ムラング・フランセーズ 42
ムラング・イタリエンヌ 44
ムラング・スイス 46

シュクル・キュイ（糖液）

カラメル 48
ヌガティース 50

クレーム（クリーム）

クレーム・パティシエール 52
クレーム・オ・ブール 54
クレーム・ムースリーヌ 56
アパレイユ・ア・ボンブ 58
クレーム・アングレーズ 60
シャンティイ 62
クレーム・ダマンド 64
クレーム・シブースト 66
クレーム・ディプロマット 68
クレーム・バヴァロワーズ 70
ガナッシュ・クレムーズ 72
クレーム・オ・シトロン 74

グラサージュ（上がけ、糖衣）

グラサージュ・ノワール・
ブリヤン 76
グラサージュ・ブラン 78
グラサージュ・ショコーレ 79
フォンダン 80
グラース・ロワイヤル 81

デコール（デコレーション）

パート・ダマンド（マジパン）........82
デコール・アン・シュクル 84
デコール・アン・ショコラ 86

ソース

ソース・プロフィットロール 88
ソース・オ・ショコラ・オ・レ 89
クーリ・ド・フランボワーズ 90
ソース・オ・カラメル 91

PÂTE SUCRÉE
BRISÉE

パート・ブリゼ・シュクレ
（練込み生地）

どんな生地？

乾いた薄い生地で、お菓子の型に敷き込んで使います。伝統的なタルト生地。

製作時間

生地作り：15分
冷蔵：2時間以上

伝統用法

タルトの台（リンゴのタルト）、フラン・パティシエ（焼きプリンのタルト）。
クリームなどを入れて焼くことも、空焼きすることもあります。空焼きの場合、フォークの先で生地全体にピケして、重石をのせて焼きます（いずれでも可）（P.285参照）。

ヴァリエーション

パート・ブリゼ・ヴァニーユ：ヴァニラ香料10gを加えます。
パート・ブリゼ・アグリューム：柑橘類の表皮をおろして、加えます。

美しく仕上げるポイント

生地全体が均一になるようにまとめます。粘りを出したくないので、練らないように注意します。

基本技法

薄力粉とバターを指や手のひらで少しずつすり合わせて、粒状にします（P.284参照）。均一で滑らかな状態にするために、生地を手のひらで前方へ押し伸ばします（P.284参照）。

パティシエの技

生地にダマが残っている場合は、ためらわずに数回、手のひらで台に押し伸ばして滑らかにします。バターの塊が残っていると、焼成時に溶けて、生地に穴が開いてしまいます。生地を十分に寝かせる時間がない場合は、生地を10分間冷凍庫に入れてから伸ばし、ナイフで切り分けて、型に敷き込みます。すぐに冷凍庫に戻し、30分間寝かせてから焼きます。

手順と保存方法

2〜24時間前に生地を作っておきます。冷蔵庫で3日間、冷凍庫で3ヶ月間、保存できます。

絶妙な食感の生地になるのはなぜ？

生地を手のひらで押し伸ばすことで、薄力粉の粒子が油脂に覆われます。薄力粉の粒子が互いにくっつかないため、焼成後にしっかりと固まった層にならないという特徴があります。焼成中に、薄力粉に含まれる澱粉の粒子が膨らみ、バターが溶けてすべての粒子を結合させます。バターがつなぎとなることで、ほろほろとやさしく砕ける食感に仕上がります。

材料（直径24cmのタルト1台分 または直径8cmのタルト8個分）

薄力粉：200g
バター：100g
塩：1g
グラニュー糖：25g
水：50g
卵黄：15g

1 冷たいバターを1cm角くらいに切り薄力粉の上に置く。

2 カードで切るように混ぜてバターを小豆大になるまで刻む。指全体ですり合わせ、バターの粒をさらに細かくしサラサラの砂のような状態にする（P.284参照）。

3 2の中央に水、塩、グラニュー糖、卵黄を入れて、周囲の粉をくずしながら指先で混ぜ合わせる。

4 生地が軽くまとまってきたら、手のひらで生地を前に押すように伸ばし、全体を手早く混ぜる（P.284参照）。

5 生地を平らにしてラップで包む。冷蔵庫で2時間以上、できれば一晩休ませる。

PÂTE SABLÉE

パート・サブレ
(練込み生地)

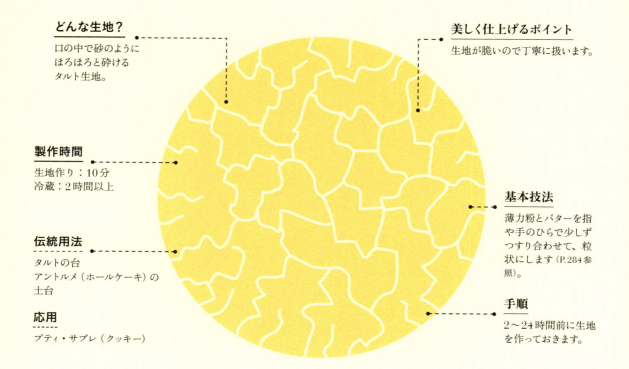

どんな生地？
口の中で砂のようにほろほろと砕けるタルト生地。

美しく仕上げるポイント
生地が脆いので丁寧に扱います。

製作時間
生地作り：10分
冷蔵：2時間以上

伝統用法
タルトの台
アントルメ（ホールケーキ）の土台

応用
プティ・サブレ（クッキー）

基本技法
薄力粉とバターを指や手のひらで少しずつすり合わせて、粒状にします（P.284参照）。

手順
2〜24時間前に生地を作っておきます。

サクサクと砕けやすい生地になるのはなぜ？

材料を指や手のひらですり合わせて粒状にすると、材料間の結合があまり強くならないため、ほろほろと砕ける生地になります。サブレ技法を用いると、グルテンが出にくいので、粘りと弾力が抑えられます。さらに砂糖は油脂に溶けないため、一定量の砂糖が結晶状のまま残ります。これも、生地のサクサク感を出すのに一役買っています。

材料
(直径24cmのタルト台1台分 または直径8cmのタルト8個分)

薄力粉：200g
バター：70g
塩：1g
粉糖：70g
卵：50g（1個）

1 冷たいバターを1cm角ぐらいに切り、薄力粉と塩の上に置く。はじめはカードを使い、バターが小豆大になったら、両手ですり合わせサラサラの砂のような状態にする（P.284参照）。

2 粉糖と卵を加え手早く混ぜ、ひとまとめにする。

3 生地を平らにしてラップで包む。冷蔵庫で2時間以上、できれば一晩休ませる。

PÂTE
SUCRÉE

パート・シュクレ
（練込み生地）

どんな生地？

パート・サブレに似ていますが、よりしっかりとした食感。タルトに向いている生地です。

製作時間

生地作り：15分
冷蔵：1時間以上

どんな食感？

バターに砂糖と卵を混ぜ込んだあと、薄力粉とアーモンドパウダーを加えるので、パート・ブリゼやパート・サブレよりも砕けにくい生地に仕上がります。焼成時に卵が凝固することで、つなぎの働きをしています。

伝統用法

タルトの台（レモンタルト）
アントルメ（ケーキ）の土台

ヴァリエーション

パート・シュクレ・オー・ショコラ（チョコレート入りパート・シュクレ）：薄力粉30g分の代わりにココアパウダー30gを加えます。

美しく仕上げるポイント

生地全体が均質になるようにまとめます。
型にしっかりと敷き込みます。

基本技法

バターをポマード状にします（P.276参照）。
バターに砂糖を加えて、クリーム状にします（P.276参照）。
均質で滑らかな状態にするために、生地を手のひらで前方へ押し伸ばします（P.284参照）。

パティシエの技

生地が均質な状態になっていない場合は、ためらわずに繰り返し、手のひらで押し伸ばします。バターの塊が残っていると、焼成時に溶けて生地に穴が開いてしまいます。

手順

1〜24時間前に生地を作っておきます。

材料
(直径 24cm〜30cm の
ケーキ 1 台分、または
直径 8cm のタルト 8 個分)

薄力粉：250g
アーモンドパウダー：25g
バター：140g
粉糖：100g
卵：50g（1 個）
塩：1g

1　ポマード状にしたバター（P.276 参照）に粉糖を加えてスパチュラでクリーム状になるまでしっかり混ぜる。

2　塩を加えて混ぜ、卵を少しずつ加え混ぜ合わせる。

3　薄力粉とアーモンドパウダーを加えて、粘りが出ないように大きく混ぜ、生地を 1 つにまとめていく。

4　生地を平らにしてラップで包む。冷蔵庫で 1 時間以上、できれば一晩休ませる。

PÂTE FEUILLETÉE

パート・フイユテ
（折込みパイ生地）

どんな生地？

粉と水を混ぜた生地「デトランプ」でバターを包み、層状に折り込んでいきます。オーブンで焼くと、薄い層が幾重にも重なったパイ生地に仕上がります。

製作時間

生地作り：1時間10分
（デトランプ：10分⇒3つ折り2回：20分⇒
3つ折り2回：20分⇒3つ折り2回：20分）
焼成：20〜40分
冷蔵：2〜3日

美しく仕上げるポイント

デトランプにバターを丁寧に折り込みます。バターがデトランプの外にはみ出ないように気をつけながら、全体的に同じ数の層ができるように、四角に折りたたみます。

基本技法

3つ折り（トゥール・サンプル）を繰り返します。

必要な道具

麺棒
紙（オーブンシート）

軽い層状の生地ができるのはなぜ？

生地の層の間にバターの層を折り込むことで、焼成時に蒸発した生地の水分が、バターの層で閉じ込められ、その蒸気で生地が膨らみます。

デトランプを冷蔵庫で寝かせるのはなぜ？

薄力粉と水を混ぜる時、澱粉の粒子が水で膨らみます。加えたバターが膨らんだ澱粉の粒子の間に入り、薄力粉のタンパク質がグルテンを形成します。デトランプを混ぜる時に引き伸ばされたグルテン網は、冷蔵庫で寝かせると収縮し、生地が柔らかくなります。

お酢を入れるのはなぜ？

お酢には抗酸化作用があり、生地の黒ずみを防ぎます。

パティシエの技

デトランプ（基礎の生地）をあまり練り込まないようにしましょう。材料がムラなく混ざってまとまったら、手を止めてください。弾力がありすぎると、麺棒で伸ばす時に縮んでしまいます。デトランプは真っすぐにカットして、丸めないようにします。生地の3つ折りは6回まで。それ以上折ると、デトランプの層とバターの層が混ざり合い、層状のパイというよりも、パート・ブリゼに近い形状になってしまいます。何回折ったか忘れないように、指で生地に印をつけておくとよいでしょう。

伝統用法

タルトの台、ショソン（リンゴのコンポート入り菓子パン）、ガレット・デ・ロワ（王様のガレット）、ミルフイユ、ピティヴィエ（アーモンドクリームパイ）。クリームなどを入れて焼くことも、そのまま空焼き（ミルフイユ）にすることもできます。

応用

パルミエパイ

ヴァリエーション

フイユタージュ・アンヴェルセ（逆法フイユタージュ）：室温約18℃の環境で、バターの中にデトランプを折り込む技法。デトランプの層よりもバターの層が多くなり、パリパリ感が増します。
パート・ルヴェ・フイユテ（折り込み発酵生地）：クロワッサン生地とも呼ばれています。パート・フイユテと同じ手順で、発酵生地にバターを折り込みます。

手順と保存方法

デトランプ：バターの包み込み＋3つ折り2回⇒2回⇒2回
適量に分けてラップで包み、冷凍すると3ヶ月まで保存できます。

材料（1kg分）

デトランプ
薄力粉：250g
強力粉：250g
水：230g
酢：20g
塩：10g
溶かしバター：60g

フイユタージュ（折込み用バター）
バター：300g

1 台の上で、粉の中央にくぼみを作り、そこへデトランプの残りの材料を入れる。指先で少しずつ粉と混ぜ合わせ、全体を1つにまとめる。できあがったデトランプをラップで包み、冷蔵庫で2時間休ませる。休ませると生地がより柔らかくなる。

2 折り込み用バターを2枚の紙で挟み、麺棒でたたいて、一辺約15cm、厚さ1cmの正方形に整える。その後冷蔵庫で冷やす。

3 2時間後、デトランプとバターを冷蔵庫から出し、30分待ってから作業を始める。打ち粉をした台の上で、デトランプを一辺35cmの正方形になるまで麺棒で伸ばす。後に折り込むバターが外にはみ出ないようにするために、デトランプの中央部に小山を残しておく。

4 バターの角をデトランプの角に対して45度ずらして、中央に置く。デトランプの四隅を中心へと折りたたみ、バターを包み込む。この時、全体の厚さがまんべんなく均一になるよう気をつける。

5 4を長方形になるまで麺棒で伸ばす。常に手前から縦方向に真っ直ぐ伸ばす。

6 余分な打ち粉を払い、まず下1/3の生地を上に向けて折り、そこに上1/3の生地を被せるように3つ折りにする。生地を90度回転させる。

7 ここでバターがデトランプからはみ出ている場合、冷蔵庫で2〜3時間休ませる。はみ出していない場合は、5〜6と同じ要領で伸ばし、3つ折りにし、生地を冷蔵庫で休ませる。できれば翌日まで休ませる方がよい。

8 その後、3つ折りの作業を2回くり返し、3〜4時間冷蔵庫で休ませる。最後に3つ折りの作業を1〜2回まで行う。

9 オーブンを180℃に温めておく。生地を厚さ2mmになるまで麺棒で伸ばし、紙を敷いた天板の上に置き、その上に紙ともう1枚の天板をのせる。こうすることで、焼きあがった後の生地全体の厚みが均一になる。オーブンに入れて15分経ってから、5分おきに焼き具合を見る。生地の表面と縁に、均一な焼き色がつくまで焼く。金網の上に取り出して冷ます。

PÂTE LEVÉE
BRIOCHE

パート・ルヴェ・ア・ブリオッシュ（ブリオッシュ生地）

どんな生地？
バター風味が豊かでのびが
いい発酵生地。

製作時間
生地作り：1時間
発酵：1時間30分～2時間
寝かせ時間：2～24時間

必要な道具
生地をこねる
ドゥフック付きミキサー

美しく仕上げるポイント
生地を適度にこねます。

基本技法
発酵後、生地を
手で軽く押して、
ガス抜きをします
（P.284参照）。

**パンの身に弾力が
ついてしまうのはなぜ？**
生地を長時間こねると、グルテン
が発達しすぎてしまいます。そのた
め、ブリオッシュには好ましくない
弾力が出てしまいます。

**発酵生地を手で押さえて
ガス抜きをするのはなぜ？**
一次発酵後、イースト菌が糖と水
分のある環境でさかんに活動し、
生地は炭酸ガスで膨らんだ状態に
なっています。手で押さえてガス抜
きを行うことで、イースト菌の周り
の環境、生地中の配置が変わりま
す。イースト菌は、新たに養分と
接触し発酵と増殖を続けます。

**冷蔵庫で一次発酵させるのは
なぜ？**
低温では発酵が緩やかに進みます。
発酵しすぎると、生地の構造、グル
テンが十分に形成されません。

**過発酵になると、
生地はどうなるの？**
ブリオッシュ生地をオーブンに入れる
と、熱で炭酸ガスの泡が膨張し、生
地をこねた時に取り込んだ気泡が膨
らみ、水分が蒸気となって蒸発します。
この3つの現象が気泡のガス量をさら
に増やします。前段階で生地が過発
酵していると、グルテン網がこの伸張
に耐えることができず、ガスが生地か
ら放出されます。このためブリオッ
シュがしぼんでしまうリスクがあります。

伝統用法
様々な形状のブリオッシュ
香りづけしたブリオッシュ

応用
シノワ、サン・ジェニ（仏サヴォワ地方
の伝統菓子）、パネットーネ（イタリア
のクリスマス菓子）、タルト・トロペジ
ェンヌ（南仏サントロペの伝統菓子）、
クグロフ（仏アルザス地方の伝統菓子）

ヴァリエーション
ブリオッシュ・ア・ラ・ヴァニーユ（ヴ
ァニラのブリオッシュ）：生地にヴァニ
ラ・エッセンス15gを加える。
ブリオッシュ・パルフュメ（香りづけし
たブリオッシュ）：生地にオレンジの皮
を加える。

パティシエの技

生地に粘りが出すぎた場合は、軽く強力粉を振るか、冷蔵庫で冷やします。混ぜ込む時にバターが溶けてしまう場合やこねた生地が温かくなっている場合は、生地を2時間ほど冷蔵庫で冷やしてから、残りのバターを混ぜ込みます。

材料（900g分）

生イースト：20g
フランスパン粉
または強力粉：400g
塩：10g
グラニュー糖：40g
卵：250g（卵5個）
バター：200g

1　すべての材料を1時間以上、冷蔵庫に入れて冷やしておく。ミキサーのボウルに、細かく砕いた生イースト、フランスパン粉、塩、グラニュー糖、卵の順に入れる。ドゥフックのついたミキサーを1/4の速度（低速）で、生地がボウルの内側から離れるまで回す。生地に弾力が出て、よく伸びるようになる。生地が温まらないように気をつける。

2　角切りにしたバターを少しずつ加え、ミキサーで均一に混ぜ合わせる。

3　ミキサーを止めて、強力粉を振った深いボウルに生地を移す。乾燥して固くならないように、生地の表面にも強力粉を少量振る。ボウルにキッチンタオルまたはラップを、生地に触れないようにかける。1時間30分〜2時間ほど冷蔵庫で休ませる。

PÂTE À BABA

パータ・ババ
（ババ生地）

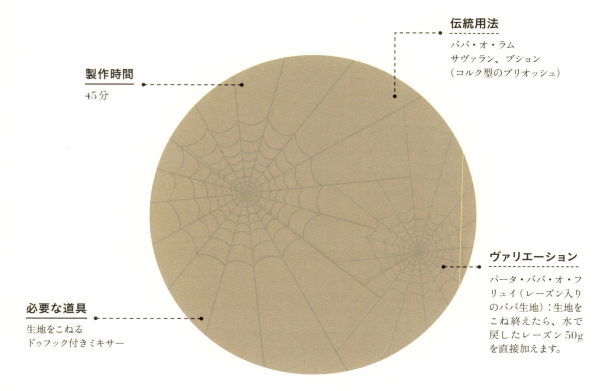

製作時間
45分

伝統用法
ババ・オ・ラム
サヴァラン、ブション
（コルク型のブリオッシュ）

ヴァリエーション
パータ・ババ・オ・フリュイ（レーズン入りのババ生地）：生地をこね終えたら、水で戻したレーズン50gを直接加えます。

必要な道具
生地をこねる
ドゥフック付きミキサー

生地が「蜘蛛の巣」状に伸びるのはなぜ？
小麦粉は澱粉とタンパク質（グルテン）でできています。小麦粉を他の材料（牛乳など）と一緒にこねると、タンパク質が弾性のある網目構造を形成し、蜘蛛の巣のように伸びる生地に仕上がります。

全ての材料を冷蔵庫に入れておくのはなぜ？
弾力のある生地にするためには、材料を十分にこねる必要がありますが、生地が温まらないようにしなければなりません。温まるとイーストによくなく、生地もだれてしまいます。このため予め冷やした材料を使います。

美しく仕上げるポイント
時間をかけて生地をこねます（30〜45分）。

パティシエの技
生地がすぐに温まらないように、作業をする1時間以上前から、全ての材料を冷蔵庫で冷やしておきます。

材料
（50gのババ型10個分
または大型のババ1個分）

生イースト：15g
フランスパン粉
または強力粉：250g
卵：100g
塩：5g
グラニュー糖：15g
牛乳：130g
バター：75g

1　すべての材料を1時間以上、冷蔵庫に入れて冷やしておく。ミキサーのボウルに細かく砕いた生イースト、フランスパン粉、塩、グラニュー糖、牛乳、卵の順に入れる。

2　ドゥフックのついたミキサーを1/4の速度（低速）で、生地がボウルの内側から離れ、ボウルに打ちつけられる状態なるまで回す（30〜45分）。弾力が出てきて、生地が切れることなく蜘蛛の巣のようにきめ細かくなる。この時、生地が温まらないように気をつける。

3　角切りにしたバターを少量ずつ加え、ミキサーで均一になるまで混ぜ合わせる。ミキサーを止めたら、すぐに使用する。

PÂTE À
CROISSANTS

パータ・クロワッサン
(クロワッサン生地)

どんな生地？
パート・フイユテ（折込み
パイ生地）と同じ手順で
バターを折り込んだ発酵
生地。

必要な道具
麺棒
紙（オーブンシート）

製作時間
生地作り：2 時間
冷蔵：12 時間

クロワッサン生地の
特徴は？
クロワッサンは、生地の発酵と折
り込みという 2 つのテクニックを組
み合わせて作ります。発酵によっ
てふんわりと軽い食感を、折り込
むことでパイのようにサクサクとし
た食感を得ることができます。

伝統用法
クロワッサン
パン・オ・ショコラ
(P.203 参照)
パン・オ・レザン
（レーズンとカスタード
クリームを練り込んだ
もの）

美しく仕上げるポイント
デトランプにバターを丁寧に折り込みます。

基本技法
3 つ折り（トゥール・サンプル）を繰り返します
(P.18 参照)。
発酵後、生地を手で軽く押して、ガス抜きをしま
す (P.284 参照)。

パティシエの技
ドゥフック付きミキサーでデトランプ（基礎の生地）
を作ることができます。

手順
デトランプ⇒冷蔵保存⇒3 つ折り⇒成形⇒発酵

材料（550g分）

デトランプ
フランスパン粉または強力粉：250g
生イースト：18g
水：65g
牛乳：65g
溶き卵：15g
塩：15g
グラニュー糖：25g

フイユタージュ（折込み用バター）
ブール・セック（冬期製造のバター）（P.276参照）、
または普通のバター：125g

1 生イーストを水と牛乳で溶く。粉の中央にくぼみを作り、そこに溶かしたイースト、卵、塩、グラニュー糖を入れる。指先で少しずつ、粉を液体に混ぜ込み、全体を混ぜる。練りすぎに注意する。大きなボウルに入れて、デトランプ表面にぴったりとラップをかけ、さらにボウルの上にもラップをかける。冷蔵庫に入れて翌日まで発酵させる。

2 折り込み用バターを2枚の紙で挟み、麺棒でたたいて25cm四方の正方形に整える。翌日まで冷蔵庫で休ませる。

3 翌日、2倍に膨らんだデトランプを冷蔵庫から取り出す。

4 デトランプを手で軽く押してガス抜きをする (P.284参照)。30分待ってから折り込み作業に入る。

5 打ち粉をした台の上で、デトランプを麺棒で伸ばして、40cm四方の正方形に整える。バターを中央に置いて、生地の四隅を中央へ折り込んで、バターを包む。全体が同じ厚さになるようにする。

6 デトランプを厚さ7mmの長方形になるようにムラなく伸ばす。常に手前から縦方向に伸ばす。

7 パート・フイユテ (P.18参照) と同じ要領で3つ折りを3回行う。使用する直前まで、冷蔵庫に入れておく。

PÂTE À CHOUX

パータ・シュー
(シュー生地)

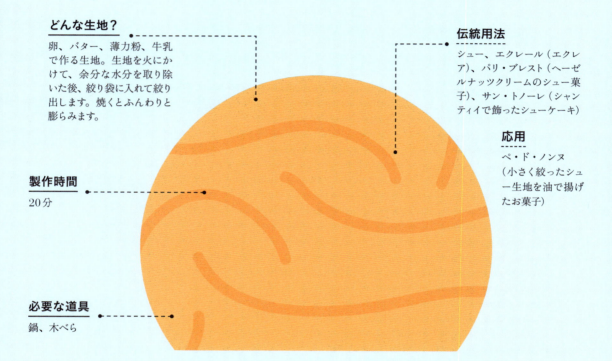

どんな生地?
卵、バター、薄力粉、牛乳で作る生地。生地を火にかけて、余分な水分を取り除いた後、絞り袋に入れて絞り出します。焼くとふんわりと膨らみます。

製作時間
20分

必要な道具
鍋、木べら

伝統用法
シュー、エクレール(エクレア)、パリ・ブレスト(ヘーゼルナッツクリームのシュー菓子)、サン・トノーレ(シャンティで飾ったシューケーキ)

応用
ペ・ド・ノンヌ(小さく絞ったシュー生地を油で揚げたお菓子)

焼成時にオーブンを開けて、蒸気を取り除くのはなぜ?※
乾燥した環境で、きれいな焼き色がつくように高温にするためです。

シュー生地が膨らむのはなぜ?
焼成時、生地に残っている水分が蒸発し、液体から気体に変わります。この蒸気で生地が変形し、膨らみます。生地を混ぜる時に発生したグルテン網が、膨らんだ形状を固定します。

パティシエの技
シリコン製のベーキングマットの上では、シュー生地を絞らないようにしましょう。空気がうまく循環しないため、生地が膨らまず、くぼんでしまいます。卵が十分に吸収されて、生地がきれいに膨らむように、シュー生地の水分は火にかけて、しっかりと蒸発させます。その生地がまだ熱いうちに卵を加えます。そうすると、焼成時にふんわりときれいに膨らみます。

美しく仕上げるポイント
卵の分量を調節します。卵は、液体(水+牛乳)と同量(g)になるようにします(液体が200gなら、卵も200g)。卵の量が多い場合は、卵を溶いて計量し、余剰分は取り除いて、生地表面に艶を出すためのドリュール(塗り卵)として使うとよいでしょう。

基本技法
生地を火にかけて水分を取り除きます(P.282参照)。
シュー生地の種を作り、水分を蒸発させます(P.282参照)。

※シュー生地が膨らむ前にオーブンを開けないよう、十分に注意してください。

材料（400g分）

水：100g
牛乳：100g
バター：90g
塩：2g
グラニュー糖：2g
薄力粉：110g
卵：200g

1　鍋に牛乳、水、塩、グラニュー糖、角切りにしたバターを入れて火にかける。

2　バターが溶けて沸騰したら一度火からおろし、薄力粉を一気に加えて粉が見えなくなるまで木べらで混ぜる。

3　再び火にかけ余分な水分をとばす。生地が1つにまとまって鍋底に薄い膜が張ったようになったら、火からおろす。

4　すぐにボウルに移し軽く粗熱を取る。ときほぐした卵を4～5回に分けて加えては混ぜていく。滑らかになれば次を加えなじませ、艶が出るまでよく混ぜる。木べらですくうとゆっくりと落ち、逆三角形に生地が残る程度まで、卵で固さを調整する。

GÉNOISE

ジェノワーズ（スポンジ生地）

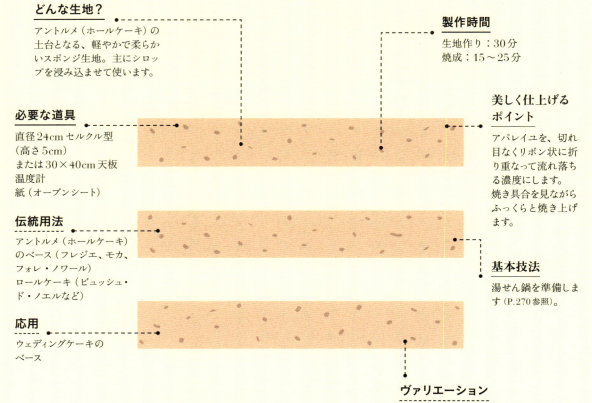

どんな生地？
アントルメ（ホールケーキ）の土台となる、軽やかで柔らかいスポンジ生地。主にシロップを浸み込ませて使います。

必要な道具
直径24cmセルクル型（高さ5cm）
または30×40cm天板
温度計
紙（オーブンシート）

伝統用法
アントルメ（ホールケーキ）のベース（フレジエ、モカ、フォレ・ノワール）
ロールケーキ（ビュッシュ・ド・ノエルなど）

応用
ウェディングケーキのベース

製作時間
生地作り：30分
焼成：15〜25分

美しく仕上げるポイント
アパレイユを、切れ目なくリボン状に折り重なって流れ落ちる濃度にします。焼き具合を見ながらふっくらと焼き上げます。

基本技法
湯せん鍋を準備します（P.270参照）。

ヴァリエーション
チョコレートのジェノワーズ：薄力粉30g分の代わりにココアパウダー30gを入れます。
レモンのジェノワーズ：レモン1個の表皮をすりおろして生地に混ぜ込みます。
ヴァニラのジェノワーズ：ヴァニラビーンズ1本分を生地に混ぜ込みます。

パティシエの技
オーブンに入れた後は、焼き具合を指でチェックします。指で押した跡が残るのは、完全に焼けていないという印。指で押した部分が膨らんで元に戻るようになったら、オーブンから取り出して、ジェノワーズをすぐに天板から外して冷まします。

卵と砂糖を湯せんで温めるのはなぜ？
じんわりと温めることで、卵のタンパク質が凝固してダマができるのを防ぎます。

湯せんにかけるボウルをお湯に直に触れないようにするのはなぜ？
高温にならないようにするためです。お湯ではなく湯気で熱を伝達することで、やさしく温めることができます。

材料
直径24cmセルクル型1台分
または30×40cm天板1枚分

卵：200g（4個）
グラニュー糖：125g
薄力粉：125g

1　オーブンを180℃に温めておく。セルクル型にバターを塗り、紙を敷き込む（底と側面）。

2　湯せん鍋を準備する（P.270参照）。ボウルの中に卵とグラニュー糖を入れる。

3　湯せん鍋の水がかすかに沸騰してきたら、ボウルをお湯に浸けないように上にかざす。中身が50℃になるまで、空気を十分に取り込むように泡立て器で混ぜる。

4　ボウルを湯せん鍋から外して、冷めるまで混ぜ続ける。泡立て器からリボン状に流れ落ちるほど滑らかになったら（P.279参照）、ふるいにかけた薄力粉を加えて、ゴムべらで混ぜる。

5　準備していた型に生地を流し、スパチュラで平らに伸ばす。ジェノワーズの厚さに合わせて、15～25分ほどオーブンで焼く。

BISCUIT JOCONDE

ビスキュイ・ジョコンド
（アーモンドのビスキュイ生地）

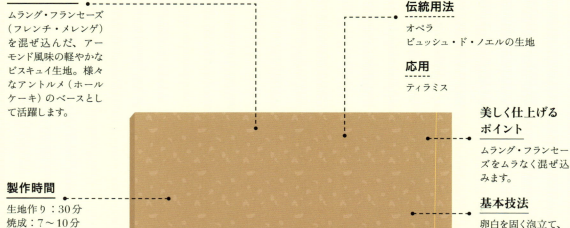

どんな生地？
ムラング・フランセーズ（フレンチ・メレンゲ）を混ぜ込んだ、アーモンド風味の軽やかなビスキュイ生地。様々なアントルメ（ホールケーキ）のベースとして活躍します。

製作時間
生地作り：30分
焼成：7〜10分

必要な道具
30×40cm天板：3枚
紙（オーブンシート）

伝統用法
オペラ
ビュッシュ・ド・ノエルの生地

応用
ティラミス

美しく仕上げるポイント
ムラング・フランセーズをムラなく混ぜ込みます。

基本技法
卵白を固く泡立て、気泡を引き締めます（P.279参照）。
メレンゲをゴムべらで混ぜ込みます（P.270参照）。

パティシエの技
生地を少し焼きすぎてしまった時は、湿った布で包んで、数分間置くとしっとり柔らかくなります。

しっとりとした、柔らかい生地に仕上がるのはなぜ？
水分をあまり抜かないようにすると、しっとりとした生地になります。柔らかい食感を残す鍵は、砂糖と焼き方。砂糖は吸湿性があります。また、短時間で焼くと水分の蒸発を抑えることができるため、しっとり感を保つことができます。

メレンゲを入れると膨らむのはなぜ？
卵を泡立て器で泡立てると、タンパク質が気泡を抱き込むため生地がふんわりと膨らみます。

ヴァリエーション
ピスタチオのジョコンド：生地作りの始めに、ピスタチオペースト15〜30gを加えます。
柑橘類で香りづけしたジョコンド：柑橘類2個の表皮をすりおろして、生地に混ぜ込みます。
チョコレートのジョコンド：ココアパウダー30gを生地に混ぜ込みます。

手順
ベース⇒ムラング・フランセーズ⇒ビスキュイ⇒流し込み⇒焼成

材料
(30×40cm 天板3枚分)

1 ビスキュイのベース

アーモンドパウダー：200g
粉糖：200g
卵：300g（6個）
薄力粉：30g

2 ムラング・フランセーズ

卵白：200g
細目グラニュー糖：30g

1 オーブンを190℃に温めておく。ボウルに粉糖、アーモンドパウダー、卵200g分を入れて、ミキサーで2倍のボリュームになるまで泡立てる。残りの卵を加えて、さらに5分泡立てる。

2 ボウルに卵白を入れ、まず泡立て器でときほぐす。グラニュー糖を1/4量加え泡立てる。五分立てになったらさらにグラニュー糖を1/4量加え空気を入れるように泡立てる。八分立てになったら、残りのグラニュー糖を加えて、角が立つくらいまでしっかり泡立てる。

3 1のビスキュイのベースに2のメレンゲの1/3を、ゴムべらで混ぜ込む（P.279参照）。その後、ふるいにかけた薄力粉を加えて混ぜる。均一に混ざったら、残りのメレンゲを入れて優しく混ぜ合わせる。

4 紙を敷いた天板3枚に均等に流し込み（天板1枚につき約300g）、すぐに温めておいたオーブンへ入れる。7〜10分焼く。

BISCUIT À LA CUILLÉRE

ビスキュイ・ア・ラ・キュイエール
(ビスキュイ生地)

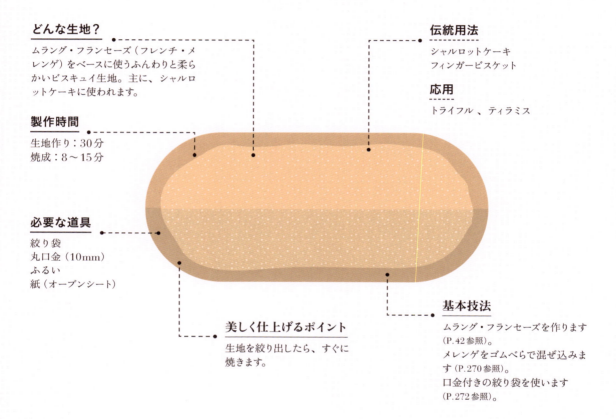

どんな生地？
ムラング・フランセーズ（フレンチ・メレンゲ）をベースに使うふんわりと柔らかいビスキュイ生地。主に、シャルロットケーキに使われます。

製作時間
生地作り：30分
焼成：8〜15分

必要な道具
絞り袋
丸口金（10mm）
ふるい
紙（オーブンシート）

伝統用法
シャルロットケーキ
フィンガービスケット

応用
トライフル、ティラミス

基本技法
ムラング・フランセーズを作ります（P.42参照）。
メレンゲをゴムべらで混ぜ込みます（P.270参照）。
口金付きの絞り袋を使います（P.272参照）。

美しく仕上げるポイント
生地を絞り出したら、すぐに焼きます。

ビスキュイがふんわりと焼き上がるのはなぜ？
この生地には、空気を取り込んだムラング・フランセーズ（フレンチ・メレンゲ）を使います。焼成時、卵のタンパク質が凝固し、多めに加えた薄力粉の澱粉が糊化（膨張）することによって、気泡がビスキュイの中に閉じ込められるためふんわりと膨らみます。

手順と保存方法
ムラング・フランセーズ ⇒ ビスキュイ ⇒ 絞り出し ⇒ 焼成
焼成したビスキュイは、冷蔵庫で1日、冷凍庫で3ケ月間保存できます。

材料
フィンガービスケット 30 個分
または直径 24cm の円形 2 枚または
長さ 40cm の帯状 2 枚分

1 ベース

薄力粉：100g
片栗粉：25g
卵黄：80g

2 ムラング・フランセーズ

卵白：150g
グラニュー糖：125g

3 焼成用

粉糖：30g

1 オーブンを180℃に温めておく。薄力粉と片栗粉をふるいにかける。

2 ムラング・フランセーズをしっかりと固く泡立てる（P.42参照）。ゴムべらを使って、溶いた卵黄をメレンゲに加えて混ぜ、次にふるっておいた薄力粉と片栗粉を加えて混ぜ合わせる。

3 天板に紙を敷く。フィンガービスケットを作る場合は、絞り袋に入れた生地を、長さ6cmの棒状に間隔を空けて絞り出す（P.272参照）。帯状にする場合は、長さ6cmの棒状に間隔を開けずに絞っていく。円形にする場合は、生地を中心から外側へと渦巻き状に絞っていく。ふるいを使って、粉糖を5分おきに2回、生地の上に振る。形状に合わせて、8〜15分オーブンで焼く。紙を持ち上げた時に、紙から剥がれる状態になっていればよい。

BISCUIT SUCCÈS

ビスキュイ・シュクセ
(ナッツパウダー入りのビスキュイ生地)

どんな生地？
ナッツのパウダーとムラング・フランセーズ（フレンチ・メレンゲ）を加えた、アントルメ（ホールケーキ）の土台となるビスキュイ生地です。

伝統用法
シュクセ（ビスキュイ・シュクセにプラリネ入りバタークリームを塗ったケーキ）

製作時間
生地作り：30分
焼成：15〜25分

ヴァリエーション
クルミパウダーの代わりに、ヘーゼルナッツやアーモンドのパウダーを使います。

必要な道具
30×40cm天板：1枚
（または直径20cmのセルクル型2個）
絞り袋
丸口金（10mm）
紙（オーブンシート）

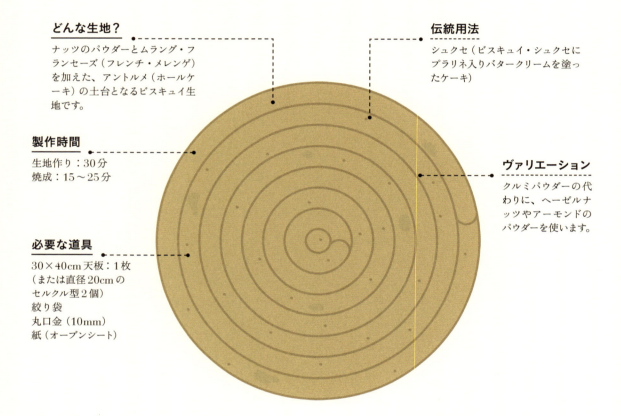

ほろほろと砕ける食感になるのはなぜ？
生地のベースに卵を加えず、薄力粉の分量も少ないため、砕けやすい生地になります。メレンゲの卵白のタンパク質だけが、つなぎの役割を果たします。

基本技法
ゴムべらで均一に混ぜ合わせます（P.270参照）。
口金付きの絞り袋を使います（P.272参照）。

手順
ムラング・フランセーズ ⇒ ビスキュイ ⇒ 絞り出し ⇒ 焼成

材料
（30×40cm 天板 1 枚分
または直径 20cm の
セルクル型 2 個分）

1　ビスキュイのベース

薄力粉：40g
クルミパウダー：115g
グラニュー糖：130g

2　ムラング・フランセーズ

卵白：190g
グラニュー糖：70g

1　オーブンを 180℃に温めておく。ビスキュイのベースに使う粉類をふるいにかける。

2　ムラング・フランセーズを作り（P.42 参照）、ふるいにかけた粉類を加えてゴムべらで混ぜ合わせる。

3　セルクル型を使う場合：紙に直径 20cm のセルクル型で 2 個の円形の印をつける。口金をつけた絞り袋にビスキュイを入れ、中心から外側へと渦巻き状に絞っていく（P.273 参照）。
天板を使う場合：紙を敷いた天板の上に、ビスキュイをパレットナイフで平らに伸ばす。

4　温めておいたオーブンに入れて、15〜25 分焼く。ビスキュイに淡く焼き色がついていればよい。

BISCUIT AU CHOCOLAT
SANS FARINE

ビスキュイ・オ・ショコラ・サン・ファリーヌ
（薄力粉なしのチョコレートビスキュイ生地）

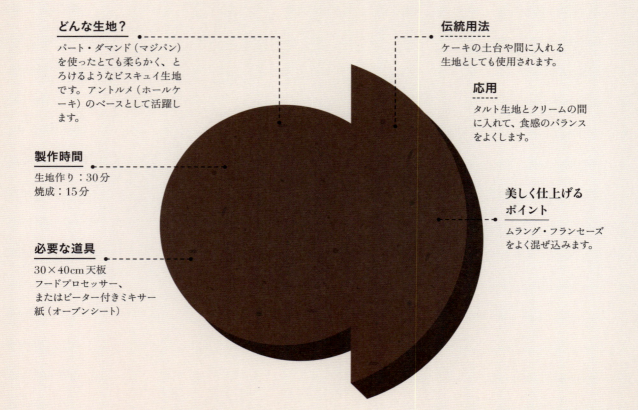

どんな生地？
パート・ダマンド（マジパン）を使ったとても柔らかく、とろけるようなビスキュイ生地です。アントルメ（ホールケーキ）のベースとして活躍します。

製作時間
生地作り：30分
焼成：15分

必要な道具
30×40cm天板
フードプロセッサー、またはビーター付きミキサー
紙（オーブンシート）

伝統用法
ケーキの土台や間に入れる生地としても使用されます。

応用
タルト生地とクリームの間に入れて、食感のバランスをよくします。

美しく仕上げるポイント
ムラング・フランセーズをよく混ぜ込みます。

薄力粉を使わないでビスキュイ生地を作れるの？
普通のビスキュイ生地では、薄力粉に含まれる澱粉が、焼成によって糊化（膨張）するため、つなぎのしっかりした形状になります。つなぎを適度に保ちながら軽やかさを出すコツは、薄力粉の代わりにマジパンを使うことです。このペーストが糊化の働きをまねるのです。また、この生地は薄力粉を使用しないので、グルテンを受けつけない体質の方々にもおすすめできます。

基本技法
湯せん鍋を準備します（P.270参照）。
ムラング・フランセーズを作ります（P.42参照）。
ゴムべらで均一に混ぜ合わせます（P.270参照）。

手順
溶かしチョコレート ⇒ ビスキュイ ⇒ ムラング・フランセーズ ⇒ 焼成

材料
（30×40cm 天板 1 枚分）

1 ビスキュイショコラのベース
バター：40g
カカオ 66％のチョコレート：140g
マジパン：70g
卵黄：30g

2 ムラング・フランセーズ
卵白：160g
グラニュー糖：60g

1　オーブンを 180℃に温めておく。湯せん鍋を準備して（P.270参照）、バターとチョコレートをゆっくり溶かす。

2　刃付きのフードプロセッサー、またはビーター付きのミキサーのボウルにマジパンを入れる。中速で回しながら、卵黄を少しずつ加えていく。時々、ボウル側面についた生地をゴムべらでぬぐう。

3　よく混ざったら、ミキサーを低速に落として、溶かしたバターとチョコレートを加え、他のボウルへ移し替える。

4　ムラング・フランセーズを作る（P.42参照）。1/3量を3の中に入れ、泡立て器でよくかき混ぜる。

5　残りのメレンゲを加えて、ゴムべらでやさしく混ぜ合わせる（P.270参照）。

6　均一に混ざったら、紙を敷いた天板の上に、ビスキュイを平らに伸ばす。オーブンで 15 分焼く。ビスキュイが乾燥しないように、すぐに天板から紙ごと取り出し台の上に置く。

MERINGUE
FRANÇAISE

ムラング・フランセーズ（フレンチ・メレンゲ）

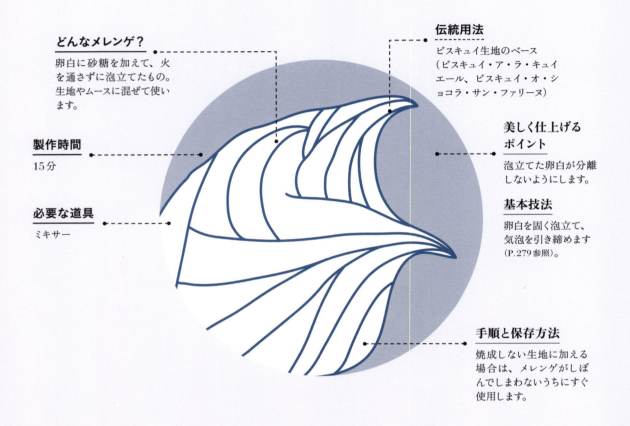

どんなメレンゲ？
卵白に砂糖を加えて、火を通さずに泡立てたもの。生地やムースに混ぜて使います。

製作時間
15分

必要な道具
ミキサー

伝統用法
ビスキュイ生地のベース（ビスキュイ・ア・ラ・キュイエール、ビスキュイ・オ・ショコラ・サン・ファリーヌ）

美しく仕上げるポイント
泡立てた卵白が分離しないようにします。

基本技法
卵白を固く泡立て、気泡を引き締めます（P.279参照）。

手順と保存方法
焼成しない生地に加える場合は、メレンゲがしぼんでしまわないうちにすぐ使用します。

泡雪状になるのはなぜ？
泡は液体の中に気泡が分散することでできます。卵白を泡立てると、タンパク質がかく拌の作用でほぐれて、空気と水分の間に入り込みます。砂糖を加えることで、離水が緩やかになり、気泡がきめ細かくなって、液体の粘度が上がります。

泡立てた卵白が分離して、粒々ができるのはなぜ？
卵白は泡立てすぎると分離して、粒々ができてしまいます。卵白を泡立てると、タンパク質がほどけて、気泡をしっかりと取り込みますが、泡立てすぎると、タンパク質同士が接触して結合してしまいます。その結果、ダマの残るぼそぼそとした泡になってしまうのです。

室温に戻した、古めの卵白を使ったほうがよいのはなぜ？
必ずという訳ではありませんが、タンパク質がよりほどけやすく、気泡の取り込みが早く、泡立てやすいという利点があります。

材料（メレンゲ275g分）

卵白：150g
グラニュー糖：125g

1　ボウルに卵白を入れ、まず泡立て器でときほぐす。グラニュー糖大さじ1くらいを加え泡立てていく。

2　五分立てになったら、残りのグラニュー糖1/3量を加え、空気を入れるように泡立てる。

3　八分立てになったら、さらに1/3量のグラニュー糖を加えて泡立てる。

最後に残りのグラニュー糖を加え、角が立つくらいまでしっかり泡立てる。

MERINGUE ITALIENNE

ムラング・イタリエンヌ（イタリアン・メレンゲ）

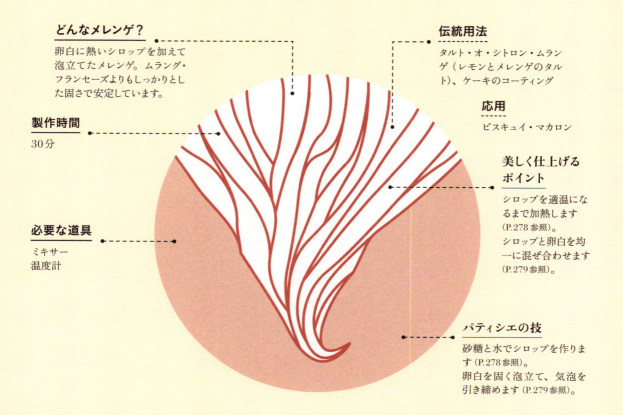

どんなメレンゲ？
卵白に熱いシロップを加えて泡立てたメレンゲ。ムラング・フランセーズよりもしっかりとした固さで安定しています。

製作時間
30分

必要な道具
ミキサー
温度計

伝統用法
タルト・オ・シトロン・ムラング（レモンとメレンゲのタルト）、ケーキのコーティング

応用
ビスキュイ・マカロン

美しく仕上げるポイント
シロップを適温になるまで加熱します（P.278参照）。
シロップと卵白を均一に混ぜ合わせます（P.279参照）。

パティシエの技
砂糖と水でシロップを作ります（P.278参照）。
卵白を固く泡立て、気泡を引き締めます（P.279参照）。

シロップを121℃まで加熱するのはなぜ？
シロップを121℃にすると、泡雪状になった卵白全体によくなじみます。熱で水分の一部が蒸発して泡が膨らみ、十分な粘りが出てしっかりとまとまった泡になります。加熱した砂糖を使うことで泡がより安定します。

ムラング・イタリエンヌの特長は？
シロップの熱で殺菌され、保存性が高まるため生食が可能で、ムースや氷菓にも使えます。また気泡がつぶれにくく安定性があり、焼き上げたお菓子に直接のせることができます。

手順
シロップ⇒卵白の泡立て⇒卵白とシロップを混ぜ合わせる⇒冷めるまで泡立てる

材料（メレンゲ400g分）

卵白：100g
水：80g
グラニュー糖：250g

1 卵白をミキサーのボウルに入れておく。きれいに洗った鍋に水を入れる。水がはねないように、グラニュー糖をそっと加える。

2 1の鍋を火にかける。温度計が鍋に触れないように、気をつけながら温度を確認する。

3 シロップが114℃になったら、ミキサーを最速にして卵白を泡立てる。

4 シロップが121℃になったら、鍋を火からおろす。ミキサーを回したまま、ボウルにシロップを糸状に垂らしながら少しずつ加えて、人肌に冷めるまで泡立て続ける。

MERINGUE
SUISSE

ムラング・スイス（スイス・メレンゲ）

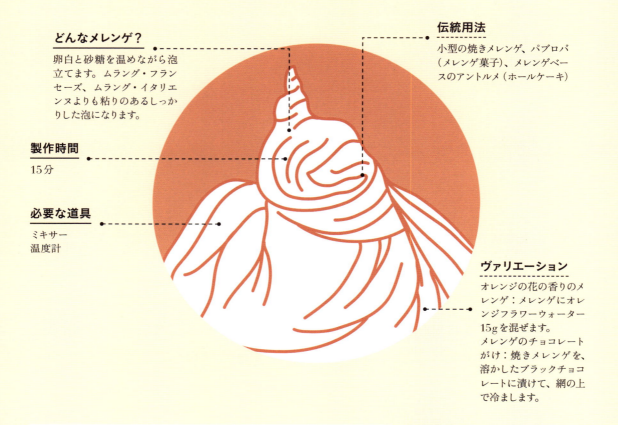

どんなメレンゲ？
卵白と砂糖を温めながら泡立てます。ムラング・フランセーズ、ムラング・イタリエンヌよりも粘りのあるしっかりした泡になります。

製作時間
15分

必要な道具
ミキサー
温度計

伝統用法
小型の焼きメレンゲ、パブロバ（メレンゲ菓子）、メレンゲベースのアントルメ（ホールケーキ）

ヴァリエーション
オレンジの花の香りのメレンゲ：メレンゲにオレンジフラワーウォーター15gを混ぜます。
メレンゲのチョコレートがけ：焼きメレンゲを、溶かしたブラックチョコレートに漬けて、網の上で冷まします。

メレンゲを湯せんにかけながら、泡立てるのはなぜ？
50℃の湯せんにかけながら、卵白を泡立てると、タンパク質がさらにほどけやすくなり、空気をより多く取り込み、きめの細かい気泡ができます。そのため、他のメレンゲよりも、粘りのある密度の高い泡になります。

美しく仕上げるポイント
温めながら泡立てます。

基本技法
湯せん鍋を準備します（P.270参照）。
卵白を固く泡立て、気泡を引き締めます（P.279参照）。

材料（メレンゲ300g分）

卵白：100g
グラニュー糖：100g
粉糖：100g

1　湯せん鍋を準備する（P.270参照）。かすかに沸騰した状態の湯せん鍋の上に、卵白とグラニュー糖の入ったボウルを置く。空気をできるだけ取り込むようにミキサーで泡立ててボリュームを出す。温度に気をつけて、50℃になったらミキサーを止める。

2　ボウルを湯せん鍋から取り出し、冷めるまで泡立てる。泡の密度の高いメレンゲに仕上げる。

3　ふるいにかけた粉糖をゴムべらで混ぜ込む。

CARAMEL

カラメル

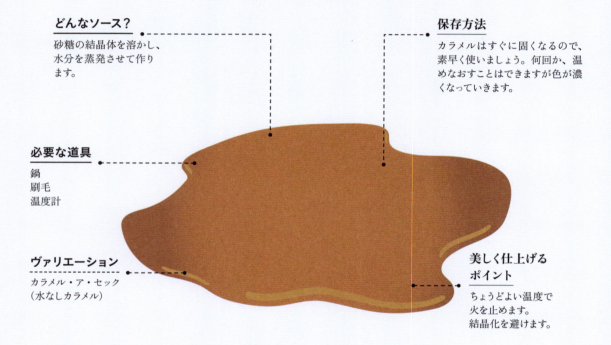

どんなソース？
砂糖の結晶体を溶かし、水分を蒸発させて作ります。

保存方法
カラメルはすぐに固くなるので、素早く使いましょう。何回か、温めなおすことはできますが色が濃くなっていきます。

必要な道具
鍋
刷毛
温度計

ヴァリエーション
カラメル・ア・セック
（水なしカラメル）

美しく仕上げるポイント
ちょうどよい温度で火を止めます。結晶化を避けます。

水を加えるカラメルと、加えないカラメルの違いは？
（砂糖と水で作る）定番のカラメルは飴細工、シュークリームの糖衣として使われます。（水を加えない）カラメル・ア・セックは、お菓子の香りづけに使われることが多く、味が濃厚です。

煮詰める時、温度を測るのはなぜ？
砂糖を煮ると、水分が蒸発し温度が上がります。温度は、糖液中の砂糖の濃度を知るよい目安となります。

砂糖が結晶化するのはなぜ？
砂糖は結晶化すると塊になります。煮詰めている時に結晶体が形成され、糖液全体が結晶化してしまうことがあります。これは、砂糖が十分に溶けていない時や、鍋の内側にできた結晶体が糖液に落ちて混ざってしまう時に起こります。

材料

カラメル (700g分)

水：125g
グラニュー糖：500g
水あめ：100g

カラメル・ア・セック

グラニュー糖：分量は各レシピ参照

1　鍋をきれいに洗う（銅製の鍋を使う場合は、粗塩と酢を入れて、金属たわしでこする）。
コンロの横に、冷水を入れた大きめのボウルを準備しておく。水、グラニュー糖の順に計量して、鍋に入れる。鍋の内側に材料が飛ばないように気をつける。

2　軽く沸騰させたら、水あめを加える。湿らせた刷毛で、鍋の内側をぬぐい、165℃になるまで煮詰める。シロップを混ぜないよう気をつける。165℃に達したら、鍋の底を冷水の入ったボウルにつけて、冷ます。

カラメル・ア・セック

鍋にグラニュー糖を入れ、強めの中火で加熱する。グラニュー糖が溶け、茶色の液状になり始めたら、すぐに泡立て器でかき混ぜる。

NOUGATINE

ヌガティーヌ
（アーモンド入りの飴菓子）

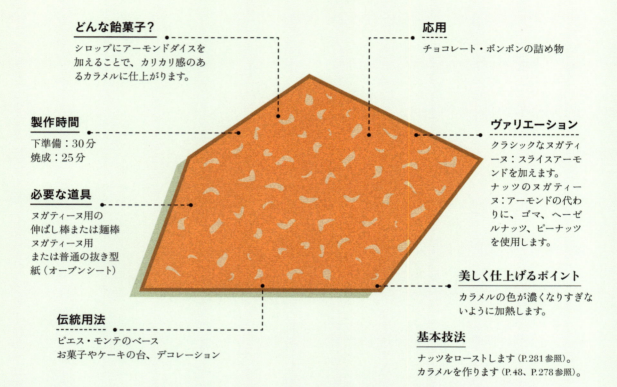

どんな飴菓子？
シロップにアーモンドダイスを加えることで、カリカリ感のあるカラメルに仕上がります。

応用
チョコレート・ボンボンの詰め物

製作時間
下準備：30分
焼成：25分

ヴァリエーション
クラシックなヌガティーヌ：スライスアーモンドを加えます。
ナッツのヌガティーヌ：アーモンドの代わりに、ゴマ、ヘーゼルナッツ、ピーナッツを使用します。

必要な道具
ヌガティーヌ用の伸ばし棒または麺棒
ヌガティーヌ用または普通の抜き型
紙（オーブンシート）

美しく仕上げるポイント
カラメルの色が濃くなりすぎないように加熱します。

伝統用法
ピエス・モンテのベース
お菓子やケーキの台、デコレーション

基本技法
ナッツをローストします（P.281参照）。
カラメルを作ります（P.48、P.278参照）。

砂糖を使うシロップではなく、水あめを使うのはなぜ？
水あめは結晶化しないので、ヌガティーヌや糖菓によく使われています。

パティシエの技
ヌガティーヌをすぐに使わない場合や固くなりすぎた場合は、140℃のオーブンに入れて、数分間状態を見ながら加熱します。ヌガティーヌがくっつかないように、調理道具や台に軽く油を塗っておきます。

手順と保存方法
ナッツのロースト⇒カラメル⇒成形⇒焼成⇒カット
温度の低くない、乾燥した場所で保存する。

材料（800g分）

アーモンドダイス：250g
フォンダン：300g
水あめ：250g

1　オーブンを180℃に温めておく。紙またはシリコンシートを天板に敷く。アーモンドをオーブンに入れて15〜20分ほど軽くローストする（P.281参照）。アーモンドが茶色くならないように気をつける。

2　きれいに洗った大鍋に、ファンダンと水あめを入れて、時々スパチュラで混ぜながら温める。透明になったら、ローストしたアーモンドを混ぜる。

3　ほどよく茶色に色づいたら（2〜5分）、天板の上に広げる。全体の温度を均一にするために、スケッパーで、ヌガティーヌの端を中心に持ってきて折りたたむようにして生地をまとめる。油を塗った台に必要分をカットして使う。冷めたものは天板にとって140℃のオーブンに入れ、柔らかい状態にしてから使う。火が通りすぎないように気をつける。

CRÈME
PÂTISSIÈRE

クレーム・パティシエール（カスタードクリーム）

どんなクリーム？

牛乳と卵黄を加熱して作る濃度のあるクリーム。ヴァニラで香りづけしたものが定番です。

製作時間

下準備：15分
加熱：牛乳1ℓにつき3分
冷却：1時間

必要な道具

鍋

伝統用法

シュークリーム、エクレア
ルリジューズ、ミルフイユのクリーム

応用

クレーム・ムースリーヌ
クレーム・ディプロマット
クレーム・フランジパーヌ
クレーム・シブースト

美しく仕上げるポイント

焦がさないように加熱します。

基本技法

卵黄と砂糖を白っぽくなるまで泡立てます（P.279参照）。

パティシエの技

薄力粉やフランパウダーではなく、コーンスターチを使うと、より軽やかなクリームに仕上がります。お菓子作りに使用する前に、クリームを泡立て器でよく混ぜ、滑らかな状態にします。

卵黄と砂糖を白っぽくなるまで泡立てるのはなぜ？

卵黄に砂糖を加えて白っぽくなるまで泡立てると、テクスチャーがよくなります。また加熱時、砂糖がタンパク質を保護する役割を果たします。砂糖が卵黄のタンパク質とよく混ざり合っていると、ダマができにくくなります。

冷やすと、クリームの表面に「膜」ができるのはなぜ？

加熱時に生じたタンパク質の凝固（牛乳を温めた時にできるものと同じ）と、表面の乾燥が原因です。

薄力粉とコーンスターチでは、クリームの仕上がりにどんな違いが出るの？

澱粉は原料によって特性が異なります。薄力粉とコーンスターチは原料が違うため、クリームの濃度に違いが出ます。基本のレシピでは、コーンスターチではなく、薄力粉を使用します。同量で比べた時、コーンスターチで作ったクリームは、より軽やかな食感に仕上がります。

材料（800g分）

牛乳：500g
卵黄：100g
グラニュー糖：120g
コーンスターチ：50g
バター：50g
ヴァニラスティック：1本

1　ボウルに卵黄とグラニュー糖を入れ、白っぽくなるまでしっかりとすり混ぜ（P.279参照）、コーンスターチを混ぜる。

2　鍋に、牛乳と種を取り出したヴァニラスティックと中から取り出した種を一緒に入れ、火にかける。牛乳が沸騰してきたらヴァニラスティックを取り出し、半量を1に混ぜながら加える。完全に混ざったら残りの牛乳が入った鍋に戻す。再び火にかけ、泡立て器で勢いよく混ぜながら加熱する。

3　とろみがつき、鍋底がふつふつ沸いてきたらさらにしばらく混ぜる。

4　火からおろしてバターを混ぜる。

5　バットに移して平らに広げ、クリームの表面にぴったりとラップをかける。クリームは冷めてから使用する。お菓子に使用する前によく混ぜ、滑らかな状態にする。

CRÈME AU BEURRE

クレーム・オ・ブール（バタークリーム）

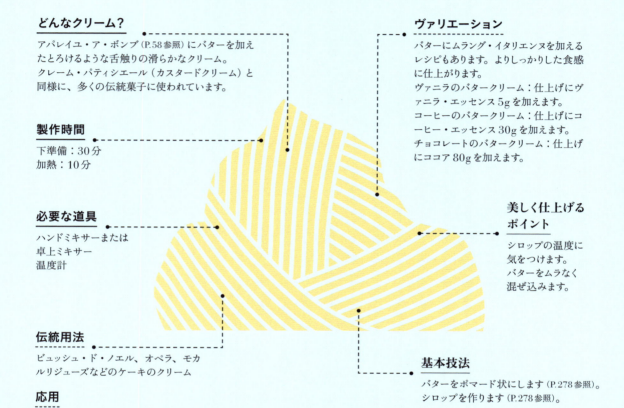

どんなクリーム？
アパレイユ・ア・ボンブ（P.58参照）にバターを加えたとろけるような舌触りの滑らかなクリーム。クレーム・パティシエール（カスタードクリーム）と同様に、多くの伝統菓子に使われています。

製作時間
下準備：30分
加熱：10分

必要な道具
ハンドミキサーまたは
卓上ミキサー
温度計

伝統用法
ビュッシュ・ド・ノエル、オペラ、モカルリジューズなどのケーキのクリーム

応用
カップケーキのトッピング

ヴァリエーション
バターにムラング・イタリエンヌを加えるレシピもあります。よりしっかりした食感に仕上がります。
ヴァニラのバタークリーム：仕上げにヴァニラ・エッセンス5gを加えます。
コーヒーのバタークリーム：仕上げにコーヒー・エッセンス30gを加えます。
チョコレートのバタークリーム：仕上げにココア80gを加えます。

美しく仕上げるポイント
シロップの温度に気をつけます。
バターをムラなく混ぜ込みます。

基本技法
バターをポマード状にします（P.278参照）。
シロップを作ります（P.278参照）。

砂糖は115℃の温度に達すると、卵にどのように作用するの？
砂糖を115℃に煮詰めると、シロップの水分の一部が蒸発します。熱いシロップに触れると、卵のタンパク質の一部が変質、つまり、その構造が変化します。この変化は、卵と砂糖の濃度が増していくことでわかります。

パティシエの技
ポマード状になるように、バターを3時間前（夏は1時間前）に冷蔵庫から出しておきます。バターと卵は、混ぜる時に同じ温度にしておく必要があります。クレームが分離して粒状になってしまったら、応急処置として、容器に詰めて冷凍庫に入れ、縁の部分が固くなるまで冷やします。その後ガスバーナーで少し温めながら、ミキサーにかけます。

手順
バターを冷蔵庫から出す⇒卵を泡立てる⇒シロップを作る⇒バターを混ぜ込むでき立てを使用するのがベストです。

材料（450g分）

卵：100g（2個分）
水：40g
グラニュー糖：130g
ポマード状にしたバター：200g

1　ミキサーのボウルに卵を入れて3倍のボリュームになるまで泡立てる。

2　小鍋に水とグラニュー糖を入れてシロップを作る（P.278参照）。115℃になるまで加熱する。

3　1にシロップを糸状に垂らして少しずつ加えながら、勢いよく泡立てる。濃度が出て冷めるまで泡立て続ける。

4　冷めたらバターを少しずつ加えて混ぜ続ける。必要であれば、クリームに香りづけをする。

CRÈME
MOUSSELINE

クレーム・ムースリーヌ

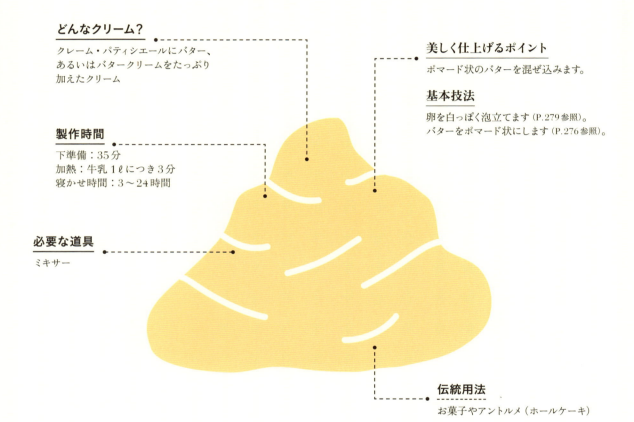

どんなクリーム？
クレーム・パティシエールにバター、あるいはバタークリームをたっぷり加えたクリーム

製作時間
下準備：35分
加熱：牛乳1ℓにつき3分
寝かせ時間：3～24時間

必要な道具
ミキサー

美しく仕上げるポイント
ポマード状のバターを混ぜ込みます。

基本技法
卵を白っぽく泡立てます（P.279参照）。
バターをポマード状にします（P.276参照）。

伝統用法
お菓子やアントルメ（ホールケーキ）

しっかりとした触感のクリームに仕上がるのはなぜ？
冷ましたクレーム・パティシエール（カスタードクリーム）に、ポマード状のバターを加えて作るクリームです。ケーキに塗って冷やすと、加えたバターの作用でクリームに少し固さが出ます。

手順
クレーム・パティシエール⇒バターを混ぜ込む

材料（1kg分）

1 クレーム・パティシエール

牛乳：500g
卵黄：100g
グラニュー糖：120g
コーンスターチ：50g
バター：125g

2 バター

ポマード状にしたバター：125g

1　クレーム・パティシエールを作る（P.53参照）。

2　1の材料のバターは、鍋を火から下した後で加える。バットに移して、表面にぴったりとラップをかける。粗熱が取れたら冷蔵庫に入れる。

3　冷えたクレーム・パティシエールを3～5分ミキサーで混ぜて滑らかにする。ポマード状にしたバターを加えていき、よく混ぜ合わせる。でき上がったらすぐに使用する。

APPAREIL À
BOMBE

アパレイユ・ア・ボンブ

どんなクリーム？

卵に熱いシロップを加えて泡立てたもので、ふんわりと軽やかな食感が楽しめます。

製作時間

20分

必要な道具

温度計
ミキサー

伝統用法

ボンブグラセ（氷菓）
チョコレートムース
フルーツムース

美しく仕上げるポイント

シロップを適温になるまで加熱します。卵にシロップを均一に混ぜ込みます。

基本技法

シロップを作ります（P.278参照）。

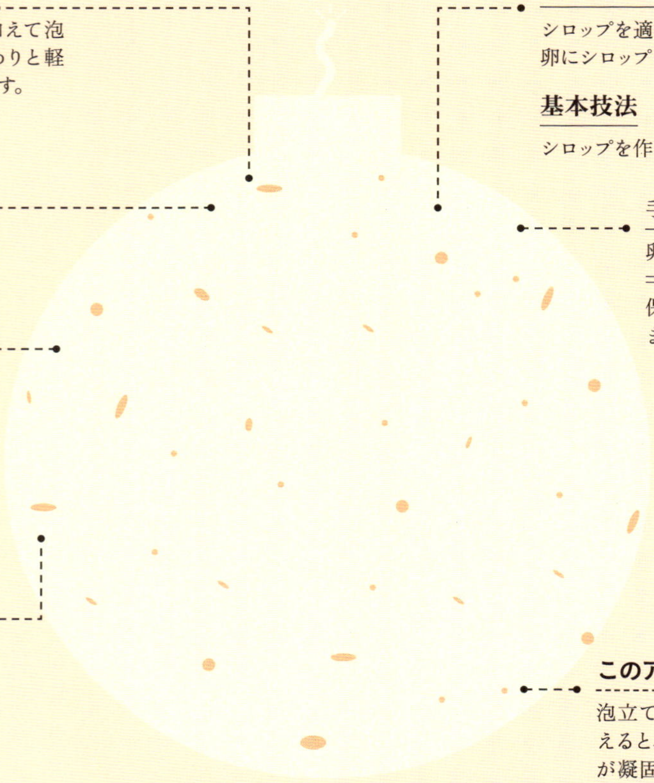

手順

卵の泡立て ⇒ シロップ作り ⇒ 混ぜ合わせる
保存しないですぐに使用します。

このアパレイユの特長は？

泡立てた卵に熱いシロップを加えると、卵のタンパク質の一部が凝固し、ムースのような泡が安定します。

材料（250g分）

卵：100g（2個分）
水：40g
グラニュー糖：130g

1　ミキサーのボウルに卵を入れて、最速にして3倍のボリュームになるまでふんわりと泡立てる。

2　小鍋に水とグラニュー糖を入れてシロップを作る（P.278参照）。115℃になるまで加熱する。

3　1にシロップを糸状に垂らして少しずつ加えながら、勢いよく泡立てる。濃度が出て冷めるまで泡立て続ける。でき上がったらすぐに使用する。

CRÈME ANGLAISE

クレーム・アングレーズ（カスタード・ソース）

どんなクリーム？
牛乳と卵黄で作るカスタード・ソース。お菓子にかけるソースとして使われることが多く、ヴァニラ風味が定番です。アングレーズはイギリス風という意味。

製作時間
30分

必要な道具
温度計

伝統用法
イル・フロッタント（メレンゲ菓子）などのお菓子に添えるソース
アイスクリームのベース

応用
クレーム・バヴァロワーズ（バヴァロワ・クリーム）、ガナッシュ・クレムーズ（クリーミー・ガナッシュ）

ヴァリエーション
カラメルのクレーム・アングレーズ：グラニュー糖60gで、水なしのカラメル・ア・セックを作ります。（残りのグラニュー糖20gは、卵黄を泡立てる時に使います）。カラメルを牛乳でのばしてから、同じ要領でクリームを作ります。
スパイス風味のクレーム・アングレーズ：スターアニス1片、カルダモン10粒、シナモン1本を温めた牛乳に浸して香りを抽出してから、同じ要領でクリームを作ります。

温度を調節するのはなぜ？
加熱すると卵のタンパク質が凝固し、クリーム状になります。温度が85℃を超えると、タンパク質が凝固しすぎて、とろみのある液体状ではなく、半固形状になってしまいます。

パティシエの技
クリームが凝固し始めたら、きれいなボウルに移して、こし器でこします。

美しく仕上げるポイント
火加減に気をつけます。

基本技法
卵黄を白っぽく泡立てます（P.279参照）。
こし器でこします（P.270参照）。

材料（650g分）

牛乳：500g
卵黄：100g
グラニュー糖：80g
ヴァニラスティック：1本

1　卵黄にグラニュー糖を加えて、白っぽくなるまで泡立てる（P.279参照）。

2　鍋に牛乳と種を取り出したヴァニラスティックをさやごと入れ、軽く沸騰させる。

3　2が沸騰してきたら、すぐにその半分を1に注ぎ、泡立て器でやさしく混ぜ合わせる。よく混ざったら、2の鍋に戻し入れる。

4　中火にかけ、絶えず混ぜながらとろみが出るまで煮詰める。スパチュラに取り、指でなぞると跡が残るようになれば火からおろす（83〜85℃）。こし器でこして（P.270参照）、冷蔵庫で保存する。

CHANTILLY

シャンティイ（砂糖を加えて泡立てた生クリーム）

どんなクリーム？
乳脂肪分30％以上の生クリームに砂糖を加えて泡立てたクリーム。ヴァニラなどで香りをつけることもあります。

製作時間
生クリームと道具の冷却：30分
泡立て：15分

必要な道具
泡立て器付きの卓上ミキサーまたはハンドミキサー

伝統用法
ケーキのデコレーション
つけ合わせのクリーム

ヴァリエーション
プラリネのシャンティイ：プラリネ30gを加えます。
ピスタチオのシャンティイ：ピスタチオペースト10gを加えます。
マスカルポーネチーズのシャンティイ：大さじ1杯のマスカルポーネチーズを加えます。

パティシエの技
乳脂肪分を安定化させるために、クリームと道具を十分に冷やしてから使います。

手順
道具を冷やす⇒泡立て

乳脂肪分が最低でも30％必要なのはなぜ？
生クリームの乳脂肪分は、泡立てた時に取り込んだ気泡の周りで結晶化します。乳脂肪分が不十分だと、結晶体の量が不足して、気泡の形状を安定化させることができません。

生クリームを冷やしたら、泡立ちがよくなるのはなぜ？
冷たくしないと乳脂肪分の結晶が形成されないので、泡雪の形状が安定しません。

冷たいステンレスのボウルを使ったほうがよいのはなぜ？
ステンレスは温度が伝わりやすい素材です。冷やしたステンレスのボウルを使うと、乳脂肪分の結晶ができやすくなり泡立ちがよくなります。室温が高い場合は、ステンレスのボウルを氷水につけながら泡立てましょう。

泡立てすぎるとどうなるの？
バターができてしまいます。乳化が不安定になり、水分と油脂が分離してしまいます。

砂糖を加えるタイミングは？
形状が崩れないようにするために、泡立てる前に加えたほうがよいでしょう。砂糖は、液体状のクリームに混ぜたほうがよく溶けます。

材料（550g分）

生クリーム：500g
粉糖：80g
ヴァニラスティック：1本

1　道具と生クリームを冷蔵庫で冷やす。ミキサーのボウルに生クリーム、粉糖、ヴァニラスティックの種を入れる。

2　やさしく混ぜ、粉糖を生クリームに溶け込ませる。

3　ミキサーを最高速にして固く泡立て、きめの細かい引き締まった状態にする。マットな質感になればOK。そのまますぐに使用するか、冷蔵庫に入れておく。

CRÈME D'AMANDES

クレーム・ダマンド（アーモンドクリーム）

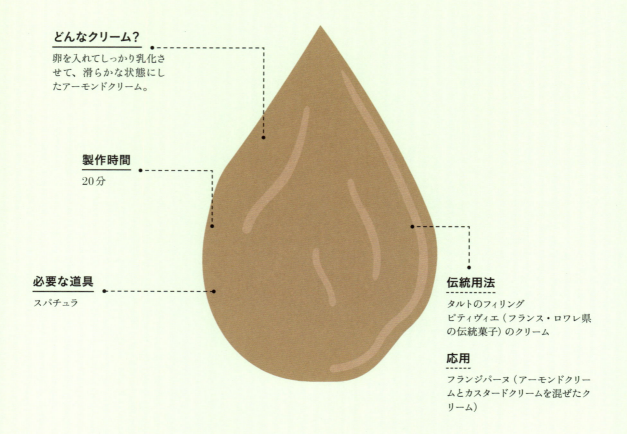

どんなクリーム？
卵を入れてしっかり乳化させて、滑らかな状態にしたアーモンドクリーム。

製作時間
20分

必要な道具
スパチュラ

伝統用法
タルトのフィリング
ピティヴィエ（フランス・ロワレ県の伝統菓子）のクリーム

応用
フランジパーヌ（アーモンドクリームとカスタードクリームを混ぜたクリーム）

焼成時に膨らむのはなぜ？
材料を混ぜ合わせた時に取り込んだ気泡が、オーブンで焼いている間に膨張することで、クリームが膨らみムース状になります。

美しく仕上げるポイント
均一になるまでよく混ぜます。

基本技法
バターをクリーム状にします（P.276参照）。

パティシエの技
冷蔵庫で保存していた場合は、事前に室温に戻し、滑らかな状態にして使います。

材料（400g分）

バター：100g
グラニュー糖：100g
アーモンドパウダー：100g
卵：100g（2個分）
薄力粉：20g

1　バターを事前に冷蔵庫から取り出して、ポマード状にする。ボウルにポマード状にしたバターとグラニュー糖を入れてスパチュラで混ぜ合わせ、クリーム状にする。

2　溶いた卵を2〜3回に分けて加え、そのつどよく混ぜる。アーモンドパウダーと薄力粉を加え、空気を取り込みすぎないように気をつけながら、スパチュラで混ぜ合わせる。すぐに使用するか、冷蔵庫で保存する。

CRÈME CHIBOUST

クレーム・シブースト（シブースト・クリーム）

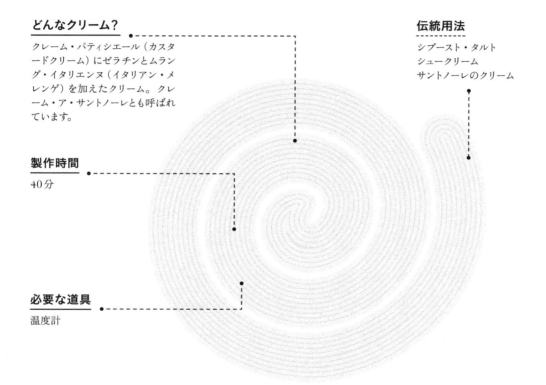

どんなクリーム？
クレーム・パティシエール（カスタードクリーム）にゼラチンとムラング・イタリエンヌ（イタリアン・メレンゲ）を加えたクリーム。クレーム・ア・サントノーレとも呼ばれています。

製作時間
40分

必要な道具
温度計

伝統用法
シブースト・タルト
シュークリーム
サントノーレのクリーム

メレンゲを入れるのはなぜ？
ムラング・イタリエンヌ（イタリアン・メレンゲ）を加えることで、クレーム・パティシエール（カスタードクリーム）の食感が驚くほど軽くなります。

美しく仕上げるポイント
クレーム・パティシエール（カスタードクリーム）を作る時の火加減に気をつけます。

基本技法
ゼラチンを冷水で戻します（P.270参照）。泡立て器、ゴムべらの順で、クリームとメレンゲを混ぜ合わせます（P.270参照）。

手順
クレーム・パティシエール ⇒ 冷やす ⇒ ムラング・イタリエンヌ ⇒ 混ぜ合わせる

材料（600g分）

1 クレーム・パティシエール

牛乳：250g
卵黄：50g
グラニュー糖：60g
コーンスターチ：25g
バター：25g
ゼラチン：8g

2 ムラング・イタリエンヌ

卵白：50g
水：40g
グラニュー糖：125g

1　クレーム・パティシエールを作る（P.53参照）。ゼラチンを冷水で戻す（P.270参照）。クリームが温かいうちに、水気を切ったゼラチンを混ぜ合わせ冷ます。

2　ムラング・イタリエンヌを作る（P.45参照）。30℃まで冷めたクレーム・パティシエールを泡立て器で滑らかに混ぜ、メレンゲの1/3を混ぜながら加える。

3　よく混ざったら、残りのメレンゲを加えてゴムべらで混ぜ合わせる。でき上がったらすぐに使用する。

CRÈME
DIPLOMATE

クレーム・ディプロマット

どんなクリーム？
クレーム・パティシエール（カスタードクリーム）にゼラチンとクレーム・フエテ（泡立てた生クリーム）を加えた軽やかなクリーム。

伝統用法
お菓子やアントルメ（ホールケーキ）のクリーム。シューに詰めるクリームによく使われます。

製作時間
30分

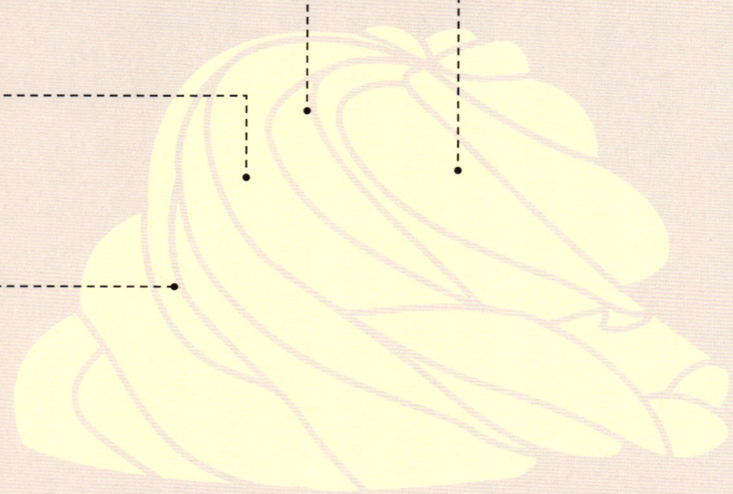

必要な道具
泡立て器
ゴムべら

できたてを使ったほうがいいのはなぜ？
クレーム・ディプロマット（ディプロマット・クリーム）は十分な固さを保つために、クレーム・パティシエール（カスタードクリーム）にゼラチンを加えています。ゼラチンで固まる前に、クレーム・フエテ（泡立てた生クリーム）を加えたら、できたてをすぐに使います。ケーキに塗ると、このクレーム本来の食感が出てきます。

美しく仕上げるポイント
クレーム・パティシエール（カスタードクリーム）を作る時の火加減に気をつけます。

基本技法
ゼラチンを冷水で戻します（P.270参照）。泡立て器、ゴムべらの順で、2種のクリームを混ぜ合わせます（P.270参照）。

手順
クレーム・パティシエール⇒冷やす⇒クレーム・フエテ⇒混ぜ合わせる

材料（1kg分）

1 クレーム・パティシエール

牛乳：500g
卵黄：100g
グラニュー糖：120g
コーンスターチ：50g
バター：50g
ゼラチン：8g

2 クレーム・フエテ

生クリーム：200g

1　ゼラチンを冷水で戻す（P.270参照）。

2　クレーム・パティシエールを作る（P.53参照）。クリームが温かいうちに水気を切ったゼラチンを加えて混ぜ合わせて冷ます。

3　シャンティイと同じ要領で（P.63参照）、クレーム・フエテを作る。冷めたクレーム・パティシエールを泡立て器で滑らかに混ぜ、クレーム・フエテの1/3を混ぜながら加える。よく混ざったら、残りのクレーム・フエテを加えゴムべらで混ぜ合わせる。でき上がったらすぐに使用する。

CRÈME
BAVAROISE

クレーム・バヴァロワーズ
（バヴァロワ）

どんなクリーム?

クレーム・アングレーズ（カスタードソース）に、クレーム・フエテ（泡立てた生クリーム）を加えた繊細なクリーム。

製作時間

クリーム：15分
寝かせ時間：約30分

必要な道具

温度計

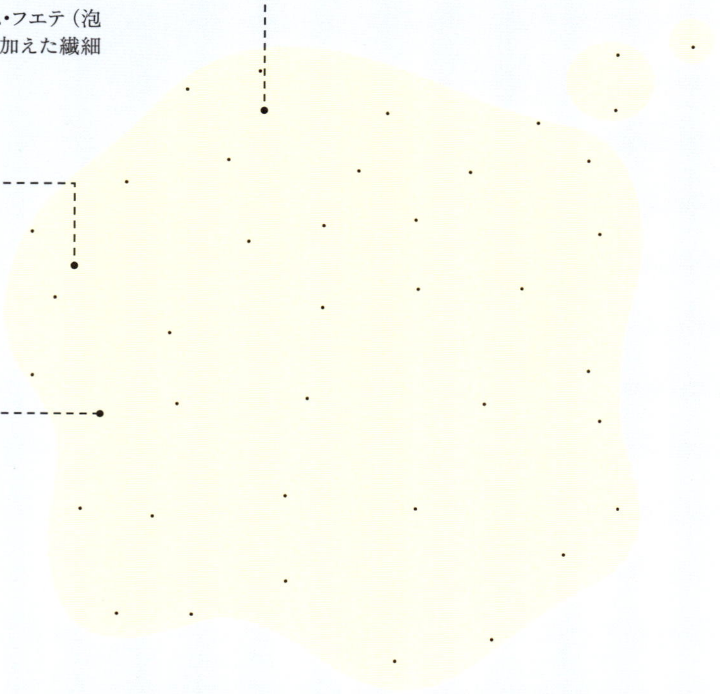

ゼラチンの役割は?

まだ温かいクレーム・アングレーズ（カスタード・ソース）にゼラチンを加えて混ぜ込みます。クレーム・フエテ（泡立てた生クリーム）を加えて冷ますと、ゼラチンが固まりクレーム・バヴァロワーズ（バヴァロワ）の軽やかな質感が持続します。

美しく仕上げるポイント

クレーム・アングレーズ（カスタード・ソース）を作る時の火加減に気をつけます。

基本技法

ゼラチンを冷水で戻します（P.270参照）。泡立て器、ゴムべらの順で、2種のクリームを混ぜ合わせます（P.270参照）。

材料(1kg分)

1 クレーム・アングレーズ

牛乳:250g
生クリーム:250g
卵黄:100g
グラニュー糖:80g
ヴァニラスティック:1本
ゼラチン:8g

2 クレーム・フエテ

生クリーム:400g

1 ゼラチンを冷水で戻しておく(P.270参照)。クレーム・アングレーズを作り(P.61参照)、水気を切ったゼラチンを加えて混ぜる。室温(30〜40℃)になるまで冷ます。

2 シャンティイ(P.63参照)と同じ要領で、クレーム・フエテを作る(P.62参照)。その1/3を1に加えて、泡立て器で混ぜる。

3 均一に混ざり合ったら、残りのクレーム・フエテを加えて、ゴムべらで優しく混ぜ合わせる。ゼラチンで固まっていくので、でき上がったらすぐに使用する。

GANACHE
CRÉMEUSE

ガナッシュ・クレムーズ
（クリーミー・ガナッシュ）

どんなクリーム？
クレーム・アングレーズ（カスタードソース）に、チョコレートを溶かし込んだ、濃厚なクリーム。

製作時間
30分

伝統用法
アントルメ（ホールケーキ）
マカロンに挟むクリーム

応用
ボンボン・チョコレートのクリーム

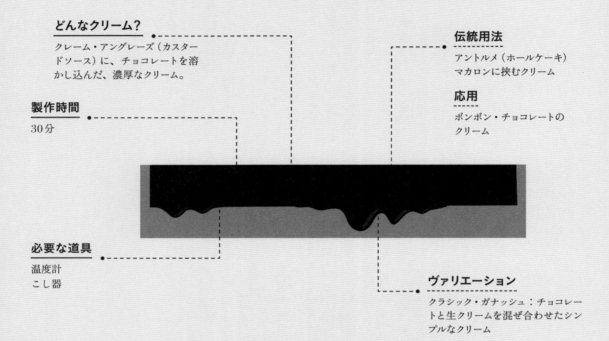

必要な道具
温度計
こし器

ヴァリエーション
クラシック・ガナッシュ：チョコレートと生クリームを混ぜ合わせたシンプルなクリーム

ガナッシュが固くなるのはなぜ？
クレーム・アングレーズ（カスタード・ソース）とチョコレートを混ぜて冷ますとき、カカオバターが結晶化して、ガナッシュに必要な固さが出てきます。テクスチャーはチョコレートの分量で変わってきます。多すぎると、切り分けることができないほど固くなります。

このガナッシュがクリーミーなのはなぜ？
クレーム・アングレーズ（カスタード・ソース）をベースにしているため、より滑らかな食感に仕上がります。

美しく仕上げるポイント
クレーム・アングレーズ（カスタード・ソース）を作る時の火加減に気をつけます。

基本技法
こし器でこします（P.270参照）。
卵黄を泡立て器で白っぽく泡立てます（P.279参照）。

パティシエの技
お菓子の種類によりますが、チョコレートの分量を少し増やして、適度な固さを出したほうがよい場合があります。

材料（900g分）

牛乳：500g
卵黄：100g
グラニュー糖：100g
ブラックチョコレート：250g

1　卵黄にグラニュー糖を加えて、白っぽくなるまで泡立てる（P.279参照）。

2　鍋に牛乳を入れ軽く沸騰させる。沸騰してきたら、すぐにその半分を1に注ぎ、泡立て器でやさしく混ぜ合わせる。よく混ざったら、2の鍋に戻し入れる。

3　中火にかけ絶えず混ぜながらとろみが出るまで煮詰める。スパチュラに取り、指でなぞると跡が残るようになれば火からおろす（83～85℃）。

4　3のクリームをこし器でこしながら（P.270参照）、チョコレートの上に回しかけ混ぜる。使用するまで冷蔵庫に入れておく。

CRÈME AU
CITRON

クレーム・オ・シトロン（レモン・クリーム）

どんなクリーム？
砂糖、卵、バター、レモンの果汁と表皮を混ぜ合わせ、加熱して作る滑らかなレモン・クリーム。ケーキに流し込んで、冷やした後は、火を入れません。

伝統用法
タルト・オ・シトロン（レモンタルト）
マカロン・オ・シトロン（レモン・マカロン）

製作時間
下準備：30分
加熱：5分

必要な道具
搾り器
おろし金
ハンドブレンダー

ヴァリエーション
クレーム・ア・ロランジュ（オレンジ・クリーム）、クレーム・オ・パンプルムース（グレープフルーツ・クリーム）：レモン果汁の代わりに、他の柑橘類の果汁を加えます。
クレーム・オ・シトロンのドームケーキ：ゼラチンの分量を倍にして、シリコン製のドーム型に流し込み、冷凍して固めてから型から取り出します。お皿に盛りつけた後、冷蔵庫に入れて解凍します。

レモンを揉みほぐしてから、果汁を搾るのはなぜ？
果肉を包む内袋が破れて、果汁をしっかりと絞り取ることができます。

材料を混ぜると、濃度が出てクリーム状になるのはなぜ？
乳化作用のある卵を加えることで、とろみが出ます。卵はレモンベースに加えたバターの脂質を安定させます。加熱により、卵のタンパク質が凝固し、クリームに粘りが出ます。

美しく仕上げるポイント
クリームを作る時の火加減に気をつけます。バターをムラなく混ぜ込みます。

パティシエの技
レモンの表皮をすりおろします（P.281参照）。
ゼラチンを冷水で戻します（P.270参照）。

材料（550g分）

レモン果汁：140g（約7個分）
レモンの表皮：適量
グラニュー糖：160g
卵：200g（4個分）
ゼラチン：2g
バター：80g

1　ゼラチンを冷水で戻す（P.270参照）。レモンの表皮をすりおろす。

2　果汁を搾りやすくするために、レモンを揉みほぐす。搾り器で140g分の果汁を搾り取る。

3　ボウルに卵を割り入れ、泡立て器で軽く混ぜる。

4　鍋にすりおろしたレモンの表皮、果汁、グラニュー糖を入れる。グラニュー糖を溶かすように少し混ぜ、火にかける。

5　沸騰してきたら火からおろし、卵の入ったボウルに入れる。卵に火が通らないように泡立て器で混ぜながら流し込む。

6　5を鍋に戻して火にかけ、泡立て器で混ぜる。軽く沸騰してきたらすぐに火からおろし、バターと水気を切ったゼラチンを加えて泡立て器で混ぜ合わせ、ハンドブレンダーで2〜3分かく拌する。

GLAÇAGE
NOIR BRILLANT

グラサージュ・ノワール・ブリヤン
（ココアパウダーの上がけ）

どんなグラサージュ？
ココアパウダーをベースとした、艶やかなグラサージュ。ケーキのコーティングに使います。

製作時間
15分

必要な道具
こし器
ハンドブレンダー

ケーキに塗った後、グラサージュはどうなりますか？
冷却時に、グラサージュに加えたゼラチンが固まります。ゼラチンは10℃まで冷やさないと完全に固まりません。

グラサージュをこし器でこすはなぜ？
こし器でこすと、とても滑らかになり光沢が増します。

伝統用法
ケーキのコーティング

美しく仕上げるポイント
ハンドブレンダーで十分にかく拌します。

基本技法
こし器でこします（P.270参照）。

手順
時間が経ってから使う場合、湯せんで温め直すことができます。

材料（500g分）

水：120g
生クリーム：100g
グラニュー糖：220g
ココアパウダー：80g
ゼラチン：8g

1　ゼラチンを冷水で戻す（P.270参照）。鍋に水、生クリーム、グラニュー糖を入れて沸騰させ混ぜる。

2　火からおろして、水気を切ったゼラチンとココアパウダーを加える。泡立て器で混ぜ合わせる。

3　ハンドブレンダーで、ダマや気泡ができないようにかく拌したら、こし器でこす（P.270参照）。温かいうちにケーキに流しかける。

GLAÇAGE
BLANC

グラサージュ・ブラン
(ホワイトチョコレートの上がけ)

どんなグラサージュ？
ホワイトチョコレートをベースとした、純白のグラサージュ。

純白にする方法は？
酸化チタンを使います。

製作時間
15分

ヴァリエーション
カラフルなグラサージュ：
着色料を少し加えて、色が均一になるようにしっかり混ぜます。

必要な道具
泡立て器
ボウル

基本技法
ゼラチンを冷水で戻します (P.270参照)。
こし器でこします (P.270参照)。
湯せん鍋を準備します (P.270参照)。

伝統用法
小さなお菓子やアントルメ (ホールケーキ) のコーティング (上がけ)

材料（250g分）
牛乳：60g
水あめ：25g
ゼラチン：3g
ホワイトチョコレート：150g
水：15g
酸化チタン
（白の着色料）：4g

1　ゼラチンを冷水で戻す (P.270参照)。ボウルにホワイトチョコレートを入れて湯せんで溶かす (P.270参照)。

2　鍋に牛乳、水、水あめを入れて加熱する。沸騰してきたら火を止めて、水気を切ったゼラチンを加えて、泡立て器で混ぜる。

3　2を1のホワイトチョコレートの上に注ぎ泡立て器で混ぜる。酸化チタンを加え、よく混ぜ、こし器でこす (P.270参照)。冷所で保存するかすぐに使用する。

GLAÇAGE
CHOCO-LAIT

グラサージュ・ショコーレ
(ミルクチョコレートの上がけ)

どんなグラサージュ？
ミルクチョコレートをベースとした、グラサージュ。

製作時間
15分

必要な道具
泡立て器
こし器

転化糖（トリモリン）を使うのはなぜ？
転化糖はぶどう糖と果糖の混合物です。吸湿性があるため、グラサージュの乾燥を防ぎ、滑らかな質感を保つことができます。転化糖の代わりにハチミツを使うこともできます。糖の混合物は、グラニュー糖単体よりも多くの水分を吸収します。

伝統用法
小さなお菓子やアントルメ（ホールケーキ）のコーティング（上がけ）

基本技法
こし器でこします
（P.270参照）。
湯せん鍋を準備します
（P.270参照）。

パティシエの技
転化糖（トリモリン）の代わりにアカシアのハチミツを使うこともできます。

材料（550g分）
ミルクチョコレート：250g
ブラックチョコレート：90g
生クリーム：225g
転化糖（トリモリン）：40g

1　ボウルにブラックチョコレートとミルクチョコレートを入れ湯せんで溶かす（P.270参照）。鍋に生クリームと転化糖を入れて加熱する。

2　沸騰してきたら火を止めて、溶かしたチョコレートの上に注ぎ、泡立て器で混ぜ、こし器でこす。

FONDANT

フォンダン
（糖衣がけ）

どんなグラサージュ？

砂糖、水あめ、水からなる白いペースト。専門店で販売されています。温めてから使います。

美しく仕上げるポイント

温める温度を調整します。熱くなりすぎると、光沢が出ません。

伝統用法

シューやミルフイユのコーティング（上がけ）

必要な道具

温度計

パティシエの技

フォンダン500gに水あめ30gを加えると、扱いやすくなります。少し加熱しても光沢が出ます。

ヴァリエーション

色つきのフォンダン

フォンダンを温める

鍋にフォンダンを入れ（水あめを加えてもよい）、弱火で32～34℃になるまで混ぜながら温める。色をつけたい時は、火にかける時に着色料を加える。

シューのグラサージュ（上がけ）

シューの表面をフォンダンに浸けて、余分なフォンダンを落とし、周りの縁を指でぬぐう。シリコンのドーム型にフォンダンを流し入れて、その上にシューを逆さにして入れ、軽く押さえる。冷凍庫で30分冷やした後、型から出す。

エクレアのグラサージュ（上がけ）

木べらでフォンダンをすくい、帯状に垂らしてエクレアにのせる。端まできたら木べらを戻すようにしてフォンダンを切る。余分なフォンダンを指でぬぐう。
片目口金をつけた絞り袋にフォンダンを入れて絞る。

ミルフイユのグラサージュ（上がけ）

折込みパイ生地をカラメリゼしていない場合、表面にナパージュを刷毛で塗る。ブラックチョコレート40gを湯せんで溶かして、絞り袋に入れ、先端をカットし準備しておく。フォンダンをパレットナイフで生地表面に塗り広げる。その上に、絞り袋に入れたチョコレートで、複数の縦線を平行に、等間隔に入れる。ナイフの先を、チョコレートの線に対して直角に、左右交互に動かして、マーブル模様をつける。

GLACE ROYALE

グラース・ロワイヤル
（アイシング）

どんなグラサージュ？
卵白、粉糖、レモン汁で作る、艶のある滑らかな白いグラサージュ。

製作時間
15分

必要な道具
ふるい
泡立て器

伝統用法
お菓子やアントルメ（ホールケーキ）のデコレーション、コルネによるアイシング（P.273参照）

ヴァリエーション
カラフルなグラース・ロワイヤル：粉末の着色料を少しずつ加え、色が均一になるまで混ぜていきます（P.281参照）。

美しく仕上げるポイント
粉糖をしっかりとふるいにかけて、ダマができないようにします。グラサージュが固まるリスクがあるので、乾燥させないようにします。

グラサージュが固まるのはなぜ？
粉糖は砂糖と澱粉の混合物です。材料を混ぜ合わせた後、澱粉が水分を吸収します。水分があまり残っていない状態で、砂糖が結晶化するため、グラサージュが固まります。

材料（340g分）
粉糖：300g
卵白：30g
レモン汁：10g

1　粉糖をふるいにかける。

2　ボウルに卵白を入れハンドミキサーの低速で混ぜる。粉糖を少しずつ加えながら、艶が出るまでしっかり混ぜる。

3　レモン汁を加え混ぜる。表面にぴったりとラップをかける。

パティシエの技
用途に合わせて、グラサージュの固さを調整することができます。粉糖の量を増やすとより固くなります。コルネによるアイシングやコーティングに使う時は柔らかいものを使用し、絞り袋に入れて使う時は固めのほうがいいでしょう。

保存方法
表面にぴったりとラップをかけて、冷蔵庫で1週間、冷凍庫で3ヶ月、保存できます。

PÂTE
D'AMANDES

パート・ダマンド
（マジパン）

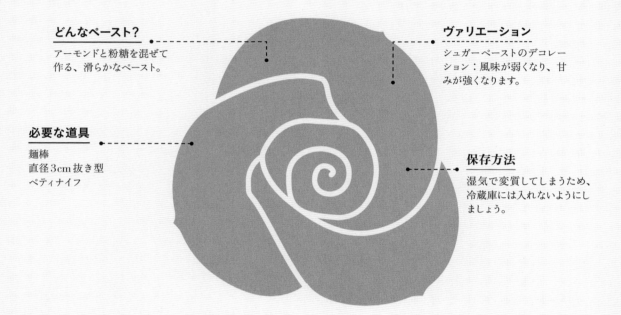

どんなペースト？
アーモンドと粉糖を混ぜて作る、滑らかなペースト。

ヴァリエーション
シュガーペーストのデコレーション：風味が弱くなり、甘みが強くなります。

必要な道具
麺棒
直径3cm抜き型
ペティナイフ

保存方法
湿気で変質してしまうため、冷蔵庫には入れないようにしましょう。

色をつける
粉末の着色料を、マジパンに少しずつ加え、色が均一になるまで練る。

麺棒で伸ばす
マジパンが作業台にくっつかないようにするために、打ち粉は粉糖ではなく片栗粉を使い（P.284参照）、麺棒で伸ばす。

アントルメ（ホールケーキ）の
コーティング

マジパンを厚さ2mmになるまで麺棒で伸ばす。これを麺棒に巻いて、ケーキの上にかぶせる。この時、押さえないように気をつける。ひだが残らないように指で丁寧に貼りつけていく。下の余分なマジパンをペティナイフで切り落とす。余分な打ち粉を刷毛で取る。

デコレーション用の薄衣を作る

マジパンを厚さ2mmになるまで、麺棒で伸ばす。約12×8cmの長方形にカットして、3〜4か所に1cmの切り込みを入れる。角と切り込み部分を少し巻き、ガスバーナーで焼き色をつける (P.275参照)。

バラ飾りを作る

マジパンを厚さ2mmになるまで麺棒で伸ばす。直径3cmの抜き型でマジパンを7枚抜く。スプーンの背で押して薄くする。バラの芯を作るために、マジパンの切れ端を玉状にして、その中心をとがらせる。とがらせた突起の周りを指で押しつけて、平らにならして、作業台の上に固定する。この芯に型抜きをした花びらを貼りつけていく。まず、2枚の花びらで芯をほぼ完全に包む。その周りに、他の花びらを挟み込んでいく。しっかりと指で密着させ、根元の部分をペティナイフで切り取る。

DÉCORS EN SUCRE

デコール・アン・シュクル
（飴細工）

どんなデコレーション？
基本のカラメル（水入り）を固めたデコレーション。水なしのカラメル・ア・セックは、香りづけとして、お菓子の中身に使われます。

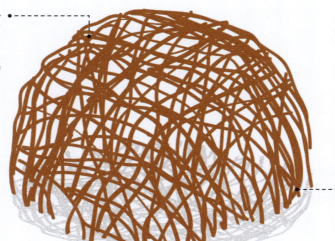

保存方法
カラメルは湿気を吸収しやすいので、すぐに使用します。

かご型

1 レードルの外側にキッチンペーパーを使って油を薄く塗る。

2 基本のカラメルを作る（P.48参照）。少し粘度が出てきたら、1で準備したレードルに、スプーンで糸状に垂らす。手早く動かしながらレードルの上にかける。かご状になるまで糸状に垂らす作業を繰り返す。

3 固まるまで数分待ってから、レードルからカラメルを少し回して取り外す。

チュイル型

1 基本のカラメルを作る（P.48参照）。

2 紙（オーブンシート）の上に、カラメルをスプーンで細い糸状に垂らす。同じ場所に方向を変えながら数回、カラメルを垂らす。完全に固まるまで待つ。

ヘーゼルナッツのカラメルがけ

1 基本のカラメルを作る（P.48参照）。ヘーゼルナッツをつまようじに刺す。

2 少し粘度が出てきたカラメルに、ヘーゼルナッツを漬ける。

3 発泡スチロールに、つまようじを刺して乾かす。カラメルが固まったら、つまようじを取り除く。

DÉCORS EN CHOCOLAT

デコール・アン・ショコラ
（チョコレート細工）

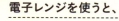

どんなデコレーション？
クーヴェルチュール（カカオマス 35％以上、カカオバターを31％以上含むチョコレート）で作るチョコレート細工。扱いやすくするためにテンパリング（温度調整）をして、滑らかで光沢のある細工に仕上げます。

必要な道具
温度計
大理石製の台、もしくは代用品：裏返した天板、ベーキングマット、チョコレート用OPPシート（オーブンシートを使うと、艶が出にくくなります）
パレットナイフ、ナイフ
定規

保存方法
チョコレート細工は、すぐに飾るか、容器に入れて、湿気のない涼しい場所で保管します。湿度が高すぎる冷蔵庫には入れないようにしましょう。

艶のないチョコレートは美味しくないの？
適温で温められなかっただけで、美味しくないわけではありません。ただ、手に触れると溶けやすく、保存すると白くなりやすい、という難点はあります。

電子レンジを使うと、チョコレートが変質してしまうの？
溶かす時に高温になりすぎなければ、電子レンジでチョコレートが変質することはありません。

クーヴェルチュールのテンパリング（温度調整）
テンパリングを行うと、光沢が出て、口どけが滑らかで、しかも風味もよくパリパリとした歯触りも楽しめるテクスチャーになります。手で触れた時に、溶けにくいという特徴もあります。適温で調整しないと、保管中に、白っぽく、ざらざらとした外観になり（ブルーム現象）、型から取り出しにくくなります。

テンパリングを行う時は、クーヴェルチュールを安定させるために、一連の温度調整が必要です（温める⇒冷やす⇒温める）。

ブラックチョコレートの場合
冷水の入った大きめのボウルを準備する。底に固定のためのセルクルを入れておく。ボウルにチョコレートを入れ、湯せんで溶かす。温度が50～55℃になったら、冷水のボウルに移し、チョコレートをゴムべらで混ぜながら、27～28℃になるまで冷やす。再び湯せん鍋に入れて、絶えず混ぜながら、10秒温めたら、10秒外に出す、という作業を、チョコレートの温度が31℃になるまで繰り返す。32℃以上にならないように調節する。テンパリングができたら、なるべく早く使用する。適温を維持するために、適時温度を測りながら、湯せんにかけて保温する。

ミルクチョコレートの場合
チョコレートの温度が45～50℃になるまで溶かす。26～27℃になるまで冷やし、29～30℃になるように再度温める。

ホワイトチョコレートの場合
チョコレートの温度が45～50℃になるまで溶かす。25～26℃になるまで冷やし、28～29℃になるように再度温める。

コポー（フレーク）

裏返した天板にチョコレート用のOPPシートをのせ、カードで空気を抜くようにぴったり貼りつける。テンパリングしたチョコレートを、パレットナイフで薄く伸ばす。固まったら（約30分）、ソール包丁（魚用包丁）の先、または先の尖ったペティナイフを当てて、必要な幅、長さに削りとる。シガレット形にする場合は三角パレットや牛刀の刃を立てて斜めに削る。

ドロップ

テンパリングしたチョコレートを、大さじスプーンの半分の量を取り、OPPシート、オーブンシートの上に垂らす。スプーンの背でチョコレートを軽く伸ばし、しずくの形にする。

プレート

テンパリングしたチョコレートを、OPPシートの上に流し、厚さ2mmに伸ばす。艶が消え、固まり始める手前で、ペティナイフで必要な大きさ、形状にカットする。チョコレートが反らないように上にOPPシートと天板をのせ、室温で固める。シートを剝がして、すぐに使用する（溶けやすいため）。

ケーキの周りを飾るリボン

天板を30分間、冷凍庫に入れる。チョコレートを湯せんで約40℃になるまで溶かす。冷凍庫から天板を取り出し、すぐに、チョコレートをパレットナイフで薄く伸ばす。定規でサイズを測りながら、ペティナイフでリボン状にカットする。チョコレートのリボンをナイフでそっと剝がして、そのまますぐにケーキの周りに巻きつける。

SAUCE
PROFITEROLE

ソース・プロフィットロール
（プロフィットロール用のチョコレートソース）

どんなソース？
ブラックチョコレートとココアパウダーで作るソース。お菓子にかけて味わう温かいソースです。

伝統用法
プロフィットロールの（シュークリームのケーキ）お菓子に添えるソース

基本技法
こし器でこします（P.270参照）。

製作時間
下準備：20分
加熱：5分

必要な道具
こし器
泡立て器

材料（350g分）

水：150g
グラニュー糖：50g
ココアパウダー：15g
ブラックチョコレート：130g

鍋に水とグラニュー糖を入れて、軽く沸騰したら、ココアパウダーを加えて、泡立て器で混ぜる。チョコレートを加え、混ぜながら2分加熱する。チョコレートが完全に溶けたらこし器でこし、温かい状態でお菓子にかける。

SAUCE CHOCOLAT AU LAIT

ソース・オ・ショコラ・オ・レ
（ミルクチョコレート・ソース）

どんなソース？
ミルクチョコレートで作る温かいソース。

製作時間
下準備：20分
加熱：5分

必要な道具
こし器
泡立て器

伝統用法
お菓子に添えるソース

基本技法
こし器でこします
（P.270参照）。

保存方法
ソースの表面にぴったりとラップをかけます。冷蔵庫で1週間、冷凍庫で3ヶ月間保存できます。

材料（330g分）

牛乳：150g
水あめ：30g
ミルクチョコレート：150g

鍋に牛乳と水あめを入れて、軽く沸騰したら、チョコレートを加え、泡立て器で混ぜながら2分加熱する。チョコレートが完全に溶けたらこし器でこし、温かい状態でお菓子にかける。

COULIS DE FRAMBOISES

クーリ・ド・フランボワーズ
（フランボワーズ・ソース）

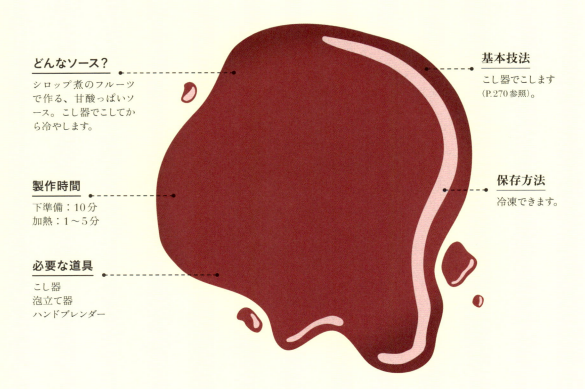

どんなソース？
シロップ煮のフルーツで作る、甘酸っぱいソース。こし器でこしてから冷やします。

製作時間
下準備：10分
加熱：1〜5分

必要な道具
こし器
泡立て器
ハンドブレンダー

基本技法
こし器でこします
（P.270参照）。

保存方法
冷凍できます。

材料（700g分）

フランボワーズ：750g
グラニュー糖：120g
水：100g

1　鍋に水とグラニュー糖を入れて沸騰させる。フランボワーズを加えて、泡立て器で混ぜながら1分間煮る。

2　ハンドブレンダーでかく拌して滑らかにした後、こし器でこす。

SAUCE AU CARAMEL

ソース・オ・カラメル
（カラメル・ソース）

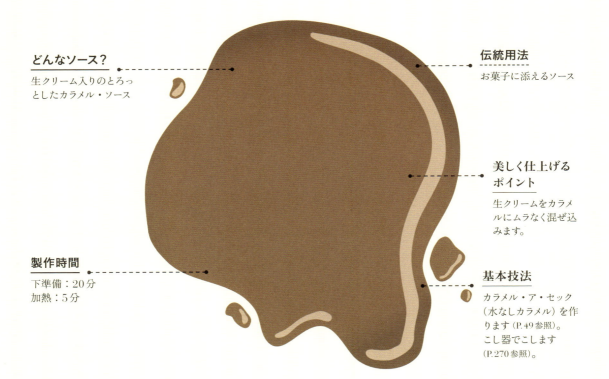

どんなソース？
生クリーム入りのとろっとしたカラメル・ソース

製作時間
下準備：20分
加熱：5分

伝統用法
お菓子に添えるソース

美しく仕上げるポイント
生クリームをカラメルにムラなく混ぜ込みます。

基本技法
カラメル・ア・セック（水なしカラメル）を作ります（P.49参照）。こし器でこします（P.270参照）。

カラメル・ア・セックを使うのはなぜ？

水なしカラメルは水入りカラメルよりも香りが強いので、より深みのあるソースに仕上がります。

材料（170g分）

グラニュー糖：100g
生クリーム：100g
フルール・ド・セル：2g

1 カラメル・ア・セックを作る（P.49参照）。カラメルの色が濃くなったら、鍋を火からおろして、生クリームを少しずつ加えていく。加える度によく混ぜ合わせる。生クリームがはねないように気をつける。

2 フルール・ド・セルを入れて火にかけ、軽く沸騰してから30秒ほど煮て、こし器でこす（P.270参照）。

CHAPITRE 2
LES PÂTISSERIES

第 2 章
パティスリー
（お菓子）

グランガトー

フォレ・ノワール 94
フレジエ 98
オペラ 102
モカ 106

アントルメ

アントルメ・トロワ・ショコラ 110
アントルメ・オ・カラメル 114
ティラミス 118
アントルメ・オ・ジャンドゥーヤ ... 122
ドーム・クール・グリオット 126
タルト・エグゾティック 130
シャルロット・ピスターシュ−
フリュイルージュ 134
ビュッシュ・ショコーレ 138

タルト

タルト・オ・シトロン・ムランゲ ... 142
タルトレット・オ・シトロン・
ヴェール 146
タルトレット・シブースト−
フランボワーズ 150
タルト・オ・フレーズ 154
タルト・パッション 156
タルト・オ・ショコラ 160
タルト・ア・ラ・ヴァニーユ 164
タルト・オ・ノワ・ド・ペカン 168
サブレ・カラメル−ポム 170

シュー菓子

エクレール・オ・ショコラ 174
ルリジューズ・オ・カフェ 176
シュー・クロカン・ア・ラ・
ピスターシュ 180
パリ−ブレスト 182
サントノーレ 184
ピエス・モンテ 188

ブリオッシュ菓子

ブリオッシュ 192
ババ・オ・ラム 194
タルト・オ・シュクル 198
トロペジェンヌ 200
パン・オ・ショコラ＆
クロワッサン 202
タルト・フィーヌ・オ・ポム 204

パイ菓子

ミルフイユ 206
ミルフイユ・マロン−カシス 210
ガレット・デ・ロワ 214

メレンゲ菓子

マカロン・ア・ラ・ヴァニーユ 218
マカロン・オ・ショコラ 222
マロン・ペルル・ルージュ 226
ガトー・マカロン・ヴァニーユ−
フランボワーズ 230

モンブラン 234
ヴァシュラン・ア・ラ・
ヴァニーユ 238
シュクセ・オ・ノワ 242

パン屋の菓子

フラン・パティシエ 246
チーズケーキ 248
マドレーヌ 252
フィナンシェ 254
クッキー 256
モワルー・オ・ショコラ 258
シガレット・リュス 260
ラング・ド・シャ 262
ロシェ・プラリネ 264

FORÊT-NOIRE

フォレ・ノワール

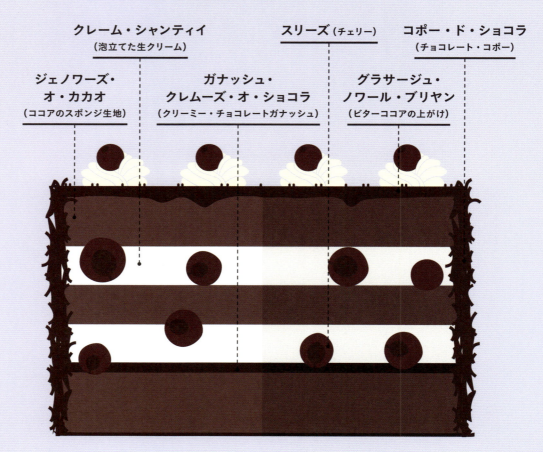

クレーム・シャンティイ
(泡立てた生クリーム)

スリーズ (チェリー)

コポー・ド・ショコラ
(チョコレート・コポー)

ジェノワーズ・
オ・カカオ
(ココアのスポンジ生地)

ガナッシュ・
クレムーズ・オ・ショコラ
(クリーミー・チョコレートガナッシュ)

グラサージュ・
ノワール・ブリヤン
(ビターココアの上がけ)

どんなケーキ？

ココアのスポンジ生地にガナッシュ、シャンティイ、チェリーで作るケーキ。チェリーはグリオットやアマレーナを使います。

製作時間

下準備：2時間
焼成：15～25分
冷蔵：30分
冷凍：1時間10分

必要な道具

直径24cm 高さ5cm セルクル型
ムースフィルム
絞り袋
星口金
紙（オーブンシート）

ヴァリエーション

クラシック・スタイル：ケーキをシャンティイでコーティングして、コポー・ド・ショコラで覆います（P.274参照）。

美しく仕上げるポイント

ジェノワーズをふっくらと焼き上げます。
グラサージュできれいにコーティングします。

基本技法

生地の底面をチョコレートで薄くコーティングします（P.280参照）。
生地にシロップを打ちます（P.278参照）。
口金付きの絞り袋を使います（P.272参照）。
コポー・ド・ショコラでケーキを飾ります（P.274参照）。

手順

シロップ⇒ジェノワーズ⇒ガナッシュ⇒シャンティイ
⇒組み立て⇒グラサージュ⇒コポー・ド・ショコラ

材料（10人分）

1 ジェノワーズ・オ・カカオ

卵：300g（6個）
グラニュー糖：190g
薄力粉：140g
ココアパウダー：45g

2 クレーム・シャンティイ

生クリーム：400g
粉糖：60g
ヴァニラ・スティック：1本

3 ガナッシュ・クレムーズ・
 オ・ショコラ

牛乳：250g
卵黄：50g
グラニュー糖：50g
ブラックチョコレート：125g

4 グラサージュ・
 ノワール・ブリヤン

水：120g
生クリーム：100g
グラニュー糖：220g
ココアパウダー：80g
ゼラチン：8g

5 スリーズ（チェリー）

チェリー：250g（グリオットやアマレーナ。
混ぜでも、いずれかでも可）

6 グリオット・シロップ

グリオットのシロップ：200g
グラニュー糖：80g
水：80g

7 シャブロン（コーティング）

チョコレート：30g

8 デコレーション

金粉、コポー・ド・ショコラ（P.274参照）
生クリーム：適量

1　シロップを作る。鍋に水とグリオットのシロップを入れ沸騰させる。グラニュー糖を加え、完全に溶けたら火からおろして冷ましておく。ジェノワーズを作り(P.33参照)冷ます。紙を敷いた天板の上に型を置き、その内壁にムースフィルムを貼りつける。

2　大型の波刃ナイフでジェノワーズを3枚にスライスする。1枚目の片面に、溶かしたチョコレートを刷毛で薄く塗る(P.280参照)。チョコレートを塗った面が底になるように裏返して型の中に敷く。

3　型に敷いたジェノワーズにシロップを打つ(P.278参照)。

4　ガナッシュ・クレムーズを作る(P.73参照)。ガナッシュ250gをカードまたはゴムべらで3の上に塗る。デコレーション用のグリオット12粒を取り分け、残りの半分を散らし、軽く指で押し込む。冷蔵庫で30分冷やす。

5　シャンティイを作り(P.63参照)、200gを口金付きの絞り袋に詰めて(P.272参照)、4の全体に絞り出す。その上に、2枚目のジェノワーズをのせ、シロップを刷毛で打つ。残りのシャンティイを表面全体に絞り出して、残りのグリオット半分を散らす。

6　5の上に3枚目のジェノワーズを重ねて、シロップを打つ。ガナッシュを約100gデコレーション用に取っておき、残りをパレットナイフでケーキ表面に塗る(P.274参照)。冷凍庫で30分冷やす。

7　グラサージュ・ノワール・ブリヤンを作り(P.77参照)、粗熱を取る。ケーキを冷凍庫から取り出し、セルクル型とムースフィルムを外す。パレットナイフで、ケーキの側面に、取っておいたガナッシュ100gを塗り、再び30分冷凍庫で冷やす。バットの上に置いた金網の上に、ケーキをのせてグラサージュを流しかけ、パレットナイフできれいに伸ばす。さらに10分冷凍庫に入れる。

8　バットの上に流れ落ちたグラサージュを集めて、湯せんで再度溶かして、絞り袋に入れる。冷凍庫から取り出したケーキの上面に細い斜線を描く。ケーキの側面を、コポー・ド・ショコラで飾る(P.274参照)。シャンティイを口金をつけた絞り袋に入れ、ケーキ上面周囲に等間隔に丸く点々と絞り出し、その上にグリオットを1つずつ置く。仕上げに金粉を飾る。

FRAISIER

フレジエ

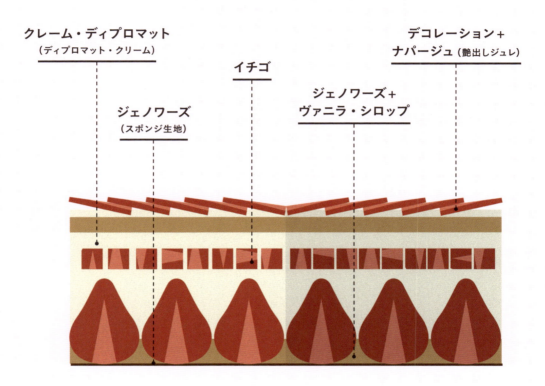

クレーム・ディプロマット
(ディプロマット・クリーム)

ジェノワーズ
(スポンジ生地)

イチゴ

ジェノワーズ＋
ヴァニラ・シロップ

デコレーション＋
ナパージュ (艶出しジュレ)

どんなケーキ？
スポンジ生地に、ディプロマット・クリーム、フレッシュなイチゴを重ねたケーキです。

製作時間
下準備：1時間30分
焼成：15〜25分
冷蔵：2時間

必要な道具
直径24cmセルクル型
ムースフィルム
絞り袋
丸口金 (12mm)
パレットナイフ
紙 (オーブンシート)

ヴァリエーション
クラシック・スタイル：クレーム・ムースリーヌで作り、デコレーションにはパート・ダマンド (マジパン) を使います。

美しく仕上げるポイント
形が崩れないように組み立てます。

基本技法
ジェノワーズの底面をチョコレートで薄くコーティングします (P.280参照)。
ジェノワーズにシロップを打ちます (P.278参照)。
口金付きの絞り袋を使用します (P.272参照)。

手順
シロップ ⇒ クレーム・パティシエール ⇒ ジェノワーズ ⇒ クレーム・ディプロマット ⇒ 組み立て ⇒ デコレーション

材料（10人分）

1 ジェノワーズ
卵：200g（4個）
グラニュー糖：125g
薄力粉：125g

2 クレーム・ディプロマット
クレーム・パティシエール
牛乳：500g
卵黄：100g
グラニュー糖：120g
コーンスターチ：50g
バター：50g
ヴァニラスティック：1本
ゼラチン：8g
クレーム・モンテ
生クリーム：200g

3 ヴァニラ・シロップ
水：320g
グラニュー糖：150g
ヴァニラスティック：2本

4 シャブロン（コーティング）
チョコレート：30g

5 ガルニチュール（詰め物）
イチゴ：1kg

6 ナパージュ（艶出しジュレ）
アプリコット・ジュレ
またはナパージュ：約100g
水：大さじ1杯

1　シロップを作る。鍋に水とヴァニラスティックと中から取り出した種を一緒に入れ、沸騰させる。グラニュー糖を加え完全に溶けたら火からおろして冷ましておく。

2　クレーム・ディプロマット用のクレーム・パティシエールを作り冷ます（P.53参照）。直径24cmのセルクル型でジェノワーズを作り（P.33参照）、冷ます。クレーム・ディプロマットを仕上げる（P.68参照）。ケーキの外側に飾るイチゴ（15個ほど）のへたを取り、縦半分にカットする。

3　ジェノワーズを2枚にスライスする。1枚目の片面に溶かしたチョコレートを刷毛で薄く塗る（P.280参照）。

4　紙を敷いた天板の上に、セルクル型を置き、その内側にムースフィルムを貼りつける。1枚目のジェノワーズを、チョコレートを塗った面が底面になるように裏返して、型の中に敷く。クレーム・ディプロマットを絞り袋に詰め、ジェノワーズの縁をぐるりと一周するように、セルクル型の内側に沿って、クリームを絞る。縦半分にカットしたイチゴを、カット面がセルクル型の内側に貼りつくように並べる。

5　ジェノワーズにシロップを打つ（P.278参照）。

6　4のイチゴをクレーム・ディプロマットで覆う。パレットナイフで、イチゴの上のクリームを型に沿って、平らにならす。

7　ケーキの中に詰めるイチゴをさいの目にカットする。ジェノワーズの表面全体を覆うように、クリームを渦巻き状に絞り、その上にカットしたイチゴを散らし、軽く押し込む。残りのクリームをデコレーション用に、大さじ3杯分を取っておき、残りを表面全体に絞る。

8　2枚目のジェノワーズにヴァニラ・シロップを打つ。シロップが浸み込んだ側を下にして、7の上に重ねる。ジェノワーズの上面にヴァニラ・シロップを打つ。パレットナイフで、残しておいたクリームを上面全体に塗りきれいに伸ばし、冷蔵庫で2時間冷やす。

デコレーション

ナパージュまたはアプリコット・ジュレと大さじ1杯の水を鍋で軽く温めて、ケーキの表面全体に、スパチュラで伸ばしながら薄く塗る。セルクル型をケーキから外す。ただし、イチゴが酸化しないように、食卓に出す時まで、ムースフィルムはそのままケーキにつけておく。残りのイチゴを薄くスライスして、大輪のバラ模様を作るように、上面に並べる。先ほど温めたナパージュまたはアプリコット・ジュレを刷毛に取って、イチゴに薄く塗る。

OPÉRA

オペラ

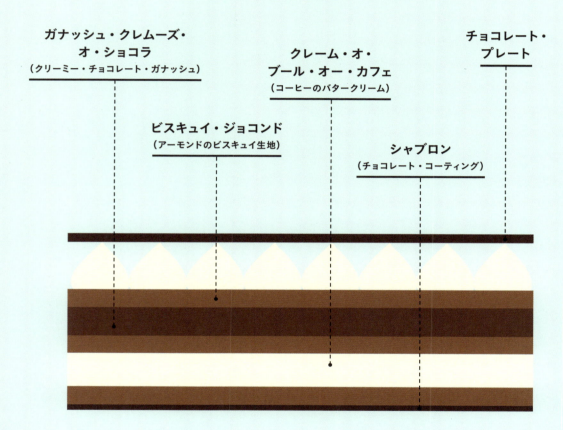

- ガナッシュ・クレムーズ・オ・ショコラ（クリーミー・チョコレート・ガナッシュ）
- クレーム・オ・ブール・オー・カフェ（コーヒーのバタークリーム）
- チョコレート・プレート
- ビスキュイ・ジョコンド（アーモンドのビスキュイ生地）
- シャブロン（チョコレート・コーティング）

どんなケーキ？

アーモンドのジョコンド生地、クリーミーなチョコレート・ガナッシュ、コーヒーのバタークリームを重ねたケーキ。このレシピでは、仕上げにチョコレート・プレートをのせます。パリのオペラ座をイメージして考案されたケーキです。

製作時間

下準備：2時間
焼成：7〜10分
冷蔵：2時間

必要な道具

24×24cm角セルクル型
シェフナイフ
絞り袋
丸口金（8mm）
紙（オーブンシート）

ヴァリエーション

ヴァニラ風味のオペラ：シロップにヴァニラスティックとヴァニラエッセンスを加え、クレーム・オ・ブールにもヴァニラスティックで香りをつけます。

美しく仕上げるポイント

きれいな層になるように組み立てます。
クリームを丸く均等に絞ります。

基本技法

生地の底面をチョコレートで薄くコーティングします（P.280参照）。
湯せん鍋を準備します（P.270参照）。
口金付きの絞り袋を使います（P.272参照）。

手順

シロップ⇒ビスキュイ・ジョコンド⇒クレーム・オ・ブール⇒ガナッシュ⇒チョコレート・プレート

材料（16人分）

1 ビスキュイ・ジョコンド

ベース
アーモンド・パウダー：200g
粉糖：200g
卵：300g
薄力粉：30g

メレンゲ
卵白：200g
細目グラニュー糖：30g

2 ガナッシュ・クレムーズ・オ・ショコラ

牛乳：200g
卵黄：40g
グラニュー糖：40g
ブラックチョコレート：100g

3 クレーム・オ・ブール・オ・カフェ

卵：200g（4個）
水：80g
グラニュー糖：260g
ポマード状にしたバター：400g
コーヒー・エッセンス：60g

4 コーヒー・シロップ

水：320g
グラニュー糖：150g
コーヒー・エッセンス：30g

5 チョコレート・プレート

ブラックチョコレート：200g

6 シャブロン（コーティング）

ブラックチョコレート：30g

1　シロップを作る。鍋に水を入れ沸騰させる。グラニュー糖を加え完全に溶けたら、火を止めコーヒー・エッセンスを加えて冷ましておく。ビスキュイ・ジョコンドを作る（P.35参照）。クレーム・オ・ブール・オ・カフェを作る（P.55参照）。ガナッシュ・クレムーズを作る。紙を敷いた天板に、セルクル型を置き準備しておく。底面のコーティング用チョコレートを溶かしておく。

2　1枚目の生地をセルクル型でくり抜く。その片面に1の溶かしたチョコレートを刷毛で薄く塗り（P.280参照）、チョコレートの面が底面になるように裏返して、型の中に敷く。

3　型に敷いたビスキュイにシロップを打つ（P.278参照）。指で生地を押した時に、シロップが滲み出てくるまでたっぷり含ませる。

4　3の上に、クレーム・オ・ブール450gをパレットナイフで平らに塗る。

5　2枚目のビスキュイをカットする。4の上に重ねて、シロップを打つ。その上に、ガナッシュ・クレムーズをパレットナイフで塗る。

6　3枚目のビスキュイを同じようにカットし重ねて、シロップを打つ。冷蔵庫で2時間ほど冷やした後、ケーキの側面を真っ直ぐカットして形を整える。残りのクレーム・オ・ブールを、口金をつけた絞り袋に詰めて、ビスキュイの表面に丸く絞っていく。

7　ブラックチョコレートを湯せん鍋（P.270参照）で溶かし、大理石の台の上に薄く伸ばす（P.87参照）。

8　7のチョコレートを11×2.5cmサイズに切り分ける（P.87参照）。

デコレーション

熱湯で温めたシェフナイフで、ケーキを11×2.5cmサイズに切り分け、7のチョコレート・プレートを上に重ねる。

MOKA

モカ

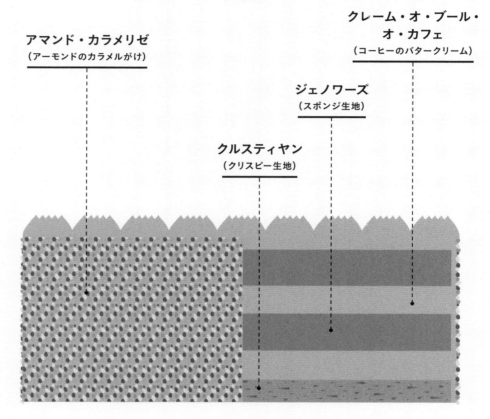

アマンド・カラメリゼ
（アーモンドのカラメルがけ）

クレーム・オ・ブール・
オ・カフェ
（コーヒーのバタークリーム）

ジェノワーズ
（スポンジ生地）

クルスティヤン
（クリスピー生地）

どんなケーキ？

クリスピー生地の上に、スポンジ生地とコーヒーのバタークリームを交互に重ねたケーキです。アーモンドのカラメルがけで周りをコーティングします。

製作時間

下準備：1時間30分
焼成：約1時間
冷蔵：4時間

必要な道具

直径24cmセルクル型：2個
絞り袋
片目口金
ムースフィルム
波刃ナイフ
紙（オーブンシート）

ヴァリエーション

クラシック・スタイル：クルスティヤンの土台をジェノワーズにします。
モカ・ショコラ：コーヒーの代わりに、ジェノワーズにココアパウダー30g、クレーム・オ・ブールに溶かしチョコレート150gを加えます。

美しく仕上げるポイント

クレーム・オ・ブールの温度に気をつけます。
ジェノワーズにシロップを十分に打ちます。

基本技法

シロップを作ります（P.278参照）。
ナッツをローストします（P.281参照）。
湯せん鍋を準備します（P.270参照）。
シロップを生地に打ちます（P.278参照）。

手順

シロップ⇒アマンド・カラメリゼ⇒クランブル⇒クルスティヤン⇒ジェノワーズ⇒クレーム・オ・ブール・オ・カフェ⇒組み立て

材料（10人分）

1 ジェノワーズ

卵：200g（4個）
グラニュー糖：125g
薄力粉：125g

2 クレーム・オ・ブール・オ・カフェ

卵：300g（6個）
水：120g
グラニュー糖：420g
バター：600g
コーヒー・エッセンス：30g

3 コーヒー・シロップ

水：320g
グラニュー糖：150g
コーヒー・エッセンス：30g

4 クルスティヤン

アーモンド・パウダー：50g
バター：50g
薄力粉：50g
グラニュー糖：50g
ホワイトチョコレート：60g
フィヤンティーヌ（または薄焼きクレープを砕いたもの）：30g
ヘーゼルナッツパウダー：20g
プラリネ：30g

5 アマンド・カラメリゼ

アーモンドダイス：200g
水：20g
グラニュー糖：20g

1 シロップを作る。鍋に水を入れ沸騰させる。グラニュー糖を加え完全に溶けたら火を止めてコーヒー・エッセンスを加えて冷ましておく。アマンド・カラメリゼを作る。オーブンを160℃に温める。鍋に水とグラニュー糖を入れ沸騰させる。火を止めてアーモンドダイスを入れ、全体をよく混ぜる。紙を敷いた天板に移し、オーブンで15〜25分、時々混ぜながら焼く。焼き色がついたら取り出して冷ます。

2 クルスティヤンを作る。まずクランブルを作る。アーモンド・パウダー、グラニュー糖、薄力粉、バターを両手ですり合わせて粒状にする。紙を敷いた天板の上に薄く伸ばし、160℃に温めておいたオーブンで15〜20分、時々木べらで混ぜながら焼く。焼き色がついたら取り出し冷ます。ヘーゼルナッツパウダーを160℃のオーブンで15分間ローストする。ホワイトチョコレートを湯せんで溶かし、プラリネを加え混ぜる。そこへローストしたヘーゼルナッツパウダー、フィヤンティーヌ、冷ましておいたクランブルを加え混ぜ合わせる。

3 紙を敷いた天板の上に型を置き、その内側にムース・フィルムを貼りつける。2を型に入れ、同じ高さになるように平らに伸ばし、4時間程冷蔵庫に入れる。

4 クレーム・オ・ブールを作り(P.55参照)、コーヒー・エッセンスを加えておく。ジェノワーズを作り(P.33参照)、冷めたら、波刃ナイフで上面を薄く切り取る(こうすると、シロップが生地によく浸み込む)。さらにジェノワーズを2枚にスライスする。

5 冷蔵庫から取り出した3のクルスティヤンに、クレーム・オ・ブール400gをパレットナイフで平らに塗る。その上に、1枚目のジェノワーズを重ねて、シロップを打つ(P.278参照)。さらにクレーム・オ・ブール400gを同様に塗り、2枚目のジェノワーズを重ねて、シロップを打つ。

6 ケーキから型とムースフィルムを外す。クレーム・オ・ブールの残りの半分をケーキの表面と側面に塗る(P.274参照)。もう半分のクレーム・オ・ブールを片目口金をつけた絞り袋に入れ、表面に波模様を描くように絞っていく(P.272参照)。

7 ケーキの側面をアマンド・カラメリゼで飾る(P.274参照)。

108

ENTREMETS
3 CHOCOLATS

アントルメ・トロワ・ショコラ
(三色チョコレートのケーキ)

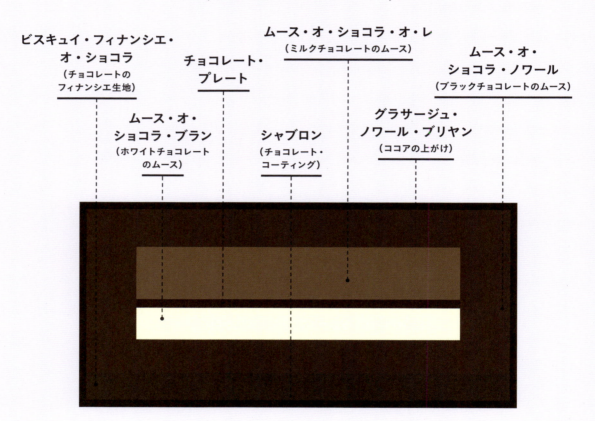

ビスキュイ・フィナンシエ・オ・ショコラ
(チョコレートのフィナンシエ生地)

ムース・オ・ショコラ・ブラン
(ホワイトチョコレートのムース)

チョコレート・プレート

シャブロン
(チョコレート・コーティング)

ムース・オ・ショコラ・オ・レ
(ミルクチョコレートのムース)

グラサージュ・ノワール・ブリヤン
(ココアの上がけ)

ムース・オ・ショコラ・ノワール
(ブラックチョコレートのムース)

どんなケーキ?
チョコレートのフィナンシエ生地と3色のチョコレートムース(ブラック、ミルク、ホワイト)を組み合わせたケーキ。ムースの間に、パリパリの食感が楽しいチョコレート・プレートを挟みます。

製作時間
下準備:2時間
焼成:15分
冷凍:5時間30分

必要な道具
12×24cm角セルクル型
8×22cmパウンドケーキ型
金網
パレットナイフ
紙(オーブンシート)

美しく仕上げるポイント
滑らかなクレーム・アングレーズを作ります。
ケーキの中身をしっかり冷凍します。
チョコレート・プレートを薄く仕上げます。

基本技法
湯せん鍋を準備します(P.270参照)。
ゼラチンを冷水で戻します(P.270参照)。
チョコレート・プレートを作ります(P.87参照)。

手順
ビスキュイ ⇒ ムース・オ・ショコラ・ブラン ⇒ チョコレート・プレート ⇒ ムース・ショコラ・オレ ⇒ ムース・オ・ショコラ・ノワール ⇒ グラサージュ

材料（8〜10人分）

1 ビスキュイ・フィナンシエ・オ・ショコラ

アーモンド・パウダー：75g
粉糖：60g
卵白：110g
生クリーム：30g
コーンスターチ：6g
ブラックチョコレート：30g

2 シャブロン（コーティング）

ブラックチョコレート：30g

3 クレーム・アングレーズ

生クリーム：105g
牛乳：105g
卵黄：40g
グラニュー糖：25g

4 ムース・オ・ショコラ

ベース
ブラックチョコレート：175g
ミルクチョコレート：90g
ホワイトチョコレート：80g
ゼラチン：1g

クレーム・モンテ
生クリーム：375g

5 グラサージュ・ノワール・ブリヤン

水：240g
生クリーム：200g
グラニュー糖：440g
ビターココア：160g
ゼラチン：16g

6 チョコレート・プレート

ブラックチョコレート：150g

1　ビスキュイ・フィナンシエを作る。オーブンを180℃に温めておく。チョコレートを湯せんにかけて溶かす。ボウルに、アーモンド・パウダー、粉糖、コーンスターチを入れ、卵白と生クリームを加えスパチュラで混ぜ合わせる。溶かしたチョコレートを加えて混ぜる。紙を敷いた天板の上に型を置き、生地を流し込む。オーブンで15分焼き、冷めたら型を外す。

2　ビスキュイ・フィナンシエを紙を敷いた天板の上に裏返し、表面の紙を剥がす。その面全体に溶かしたチョコレートを刷毛で薄く塗る（P.280参照）。紙を敷いた天板に型を準備し、チョコレートを塗った面が底になるように裏返して型の中に敷く。

3　ムース・オ・ショコラ・ブランを作る。パウンドケーキ型にラップを敷き準備しておく。ゼラチンを冷水で戻す（P.270参照）。まずクレーム・アングレーズを作る（P.270参照）。ホワイトチョコレートを湯せんで溶かす。クレーム・アングレーズ55gに水気を切ったゼラチンを加え泡立て器で混ぜ合わせる。湯せんで溶かしたホワイトチョコレートに、ゼラチンを加えたクレーム・アングレーズを加え混ぜる。生クリーム75gを泡立て（P.63参照）、1/3を泡立て器で、2/3をゴムべらで混ぜ合わせる。パウンドケーキ型に流し30分間冷凍庫に入れる。

4　チョコレート・プレートを作る（P.87参照）。縦20cm、横7cm、厚さ約1mmの大きさにし30分間冷凍庫で冷やす。

5　ムース・オ・ショコラ・オ・レを作る。ミルクチョコレートを湯せんで溶かし、クレーム・アングレーズ55gを加える。生クリーム75gを泡立て、1/3を泡立て器で、2/3をゴムべらで混ぜ合わせる。冷凍庫から取り出した3に、4のチョコレート・プレートをのせてから、ムース・オ・ショコラ・オ・レを流し込む。最低でも2時間、できれば翌日まで冷凍する。

6　ムース・オ・ショコラ・ノワールを作る。ブラックチョコレートを湯せんで溶かし、残りのクレーム・アングレーズを加え混ぜる。残りの生クリームを泡立て、半分を泡立て器で、半分をゴムべらで混ぜ合わせる。1のビスキュイ・フィナンシエの上に、1/3量のムースを流し、冷凍庫で30分間冷やす。

7　5を冷凍庫から取り出し、8×22cmのサイズになるように端をカットし、6の上にのせる。

8　残りのムース・オ・ショコラ・ノワールを7に流し、冷凍庫で2時間冷やす。

9　グラサージュ・ノワール・ブリヤンを作り（P.76参照）、粗熱を取る。ケーキを冷凍庫から出して型を外す。バットの上に置いた金網の上に、ケーキをのせる。上からグラサージュを流しかけ、パレットナイフで薄く伸ばす（P.280参照）。

ENTREMETS AU CARAMEL

アントルメ・オ・カラメル
(カラメルケーキ)

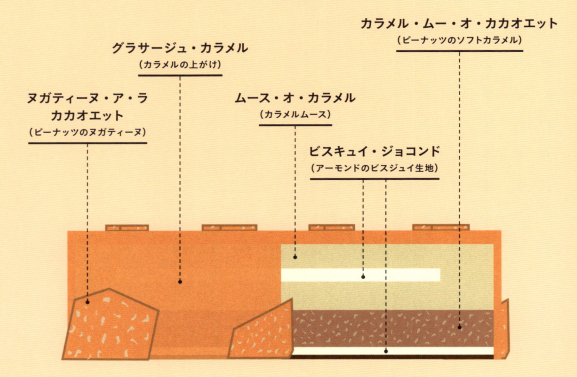

- グラサージュ・カラメル（カラメルの上がけ）
- カラメル・ムー・オ・カカオエット（ピーナッツのソフトカラメル）
- ヌガティーヌ・ア・ラ・カカオエット（ピーナッツのヌガティーヌ）
- ムース・オ・カラメル（カラメルムース）
- ビスキュイ・ジョコンド（アーモンドのビスジュイ生地）

どんなケーキ？
カラメルづくしのケーキ。アーモンドのビスキュイ生地に、ピーナッツ入りのソフトカラメル、カラメルのムースを重ねて、カラメルのグラサージュ、ピーナッツのヌガティーヌで飾ります。

製作時間
下準備：2時間
焼成：7〜10分
冷凍：4時間以上

必要な道具
直径18cmセルクル型
直径24cmセルクル型
ムースフィルム
温度計
金網
パレットナイフ
紙（オーブンシート）

美しく仕上げるポイント
いろいろな種類のカラメルを用途に応じて作り分けます。

基本技法
カラメル・ア・セック（水なしカラメル）を作ります（P.49参照）。

手順
カラメル・ムー・オ・カカオエット ⇒ ビスキュイ・ジョコンド ⇒ ムース ⇒ グラサージュ ⇒ ヌガティーヌ

材料（8人分）

1 ビスキュイ・ジョコンド

ベース
卵：100g（2個）
アーモンド・パウダー：70g
粉糖：70g
薄力粉：10g

メレンゲ
卵白：70g
グラニュー糖：10g

2 カラメル・ムー・オ・カカオエット

グラニュー糖：100g
水あめ：50g
生クリーム：130g
バター：70g
塩味のローストピーナッツ：130g

3 ムース・オ・カラメル

アパレイユ・ア・ボンブ
グラニュー糖：130g
水：40g
卵黄：100g

カラメル
グラニュー糖：100g
生クリーム：130g
フルール・ド・セル
（大粒の天日塩）：5g
ゼラチン：10g

クレーム・モンテ
生クリーム：250g

4 グラサージュ・オ・カラメル

水あめ：90g
グラニュー糖：175g
ゼラチン：10g
バター：40g
アプリコット・ジュレ（ナパージュ）：250g

5 ヌガティーヌ・ア・ラ・カカオエット

塩味のローストピーナッツを刻んだもの：65g
フォンダン：75g
水あめ：65g

6 シャブロン（コーティング）

ブラックチョコレート：30g

1　カラメル・ムー・オ・カカオエットを作る。フードプロセッサーでピーナッツを粗く砕く。水なしカラメルを作る(P.49参照)。カラメルの色が濃くなったら火からおろして、生クリームを少し加えよく混ぜ合わせる。その後も生クリームを少しずつ加えて混ぜる作業を繰り返し、生クリームを全部混ぜ込んだら、バターと砕いたピーナッツを加える。紙を敷いた天板に直径24cmの型を置いてその中に流し、冷凍庫で2時間以上冷やす。固まったら型から外し、冷凍庫に戻す。

2　ビスキュイ・ジョコンドを作り(P.35参照)、冷めたら直径18cmと24cmのセルクル型を使って生地をカットする。溶かしたチョコレートを24cmの生地に刷毛で薄く塗る。

3　直径24cmのセルクル型の内側に、ムースフィルムを貼りつけ、紙を敷いた天板の上にのせる。チョコレートを塗った直径24cmの生地をチョコレートの面が底になるように裏返して型の中に敷く。その上に、1のカラメル・ムー・オ・カカオエットをのせる。

4　ムース・オ・カラメルを作る。ゼラチンを冷水で戻す(P.270参照)。水なしカラメルを作る(P.49参照)。カラメルの色が濃くなったら、火からおろして生クリームを加え、泡立て器で混ぜ合わせる。水気を切ったゼラチンを混ぜてこした後、フルール・ド・セルを加え、室温になるまで冷ます。

5　アパレイユ・ア・ボンブを作る(P.59参照)。生クリーム250gを泡立て(P.63参照)、その1/3を4に加え泡立て器で混ぜた後、アパレイユ・ア・ボンブを加えてゴムべらで混ぜ合わせる。残りの生クリームを加えて、ゴムべらで優しく混ぜる。

6　3の上に5のムースを流し、平らな層にする。その中央に直径18cmのビスキュイ・ジョコンドをのせ、残りのムースを流す。冷凍庫で最低でも2時間、できれば翌日まで冷やし固める。

7　グラサージュを作る。ゼラチンを冷水で戻す(P.270参照)。水なしカラメルを作る。カラメルの色が濃くなったら火からおろして、アプリコット・ジュレを加える。泡立て器で混ぜ、バターを加える。水気を切ったゼラチンを入れ、よく混ぜてからこして40℃になるまで冷ます。6のケーキを冷凍庫から取り出し、型とムースフィルムを外す。バットの上に置いた金網の上にケーキをのせ、上からグラサージュを流しかけ、パレットナイフで薄く伸ばす(P.280参照)。

8　ヌガティーヌを作って(P.51参照)、麺棒で適度な大きさに割り、ケーキの表面に飾る。

TIRAMISU

ティラミス

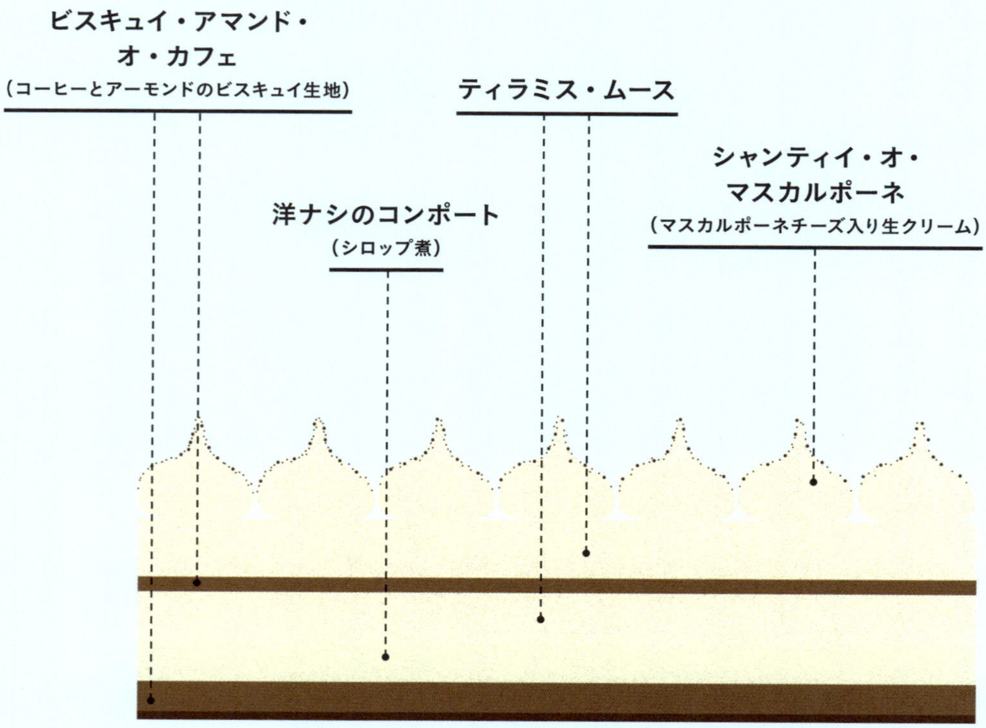

ビスキュイ・アマンド・オ・カフェ
（コーヒーとアーモンドのビスキュイ生地）

ティラミス・ムース

洋ナシのコンポート
（シロップ煮）

シャンティイ・オ・マスカルポーネ
（マスカルポーネチーズ入り生クリーム）

どんなケーキ？

ビスキュイ・アマンド・オ・カフェ（コーヒーとアーモンドのビスキュイ生地）、ティラミス・ムース、洋ナシのコンポートを組み合わせたティラミス。

製作時間

下準備：2時間
焼成：15〜25分
冷凍：4時間30分

必要な道具

12×24cm角セルクル型
卓上ミキサー
またはハンドミキサー
絞り袋
サントノーレ口金
紙（オーブンシート）

ヴァリエーション

時間を短縮したい時は、洋ナシのコンポートを省きます。

美しく仕上げるポイント

きれいな層になるように組み立てます。

基本技法

サントノーレ口金を使って絞ります（P.273参照）。

手順

ビスキュイ ⇒ コンポート ⇒ シロップ ⇒ ムース ⇒ デコレーション

材料（6〜8人分）

1 ビスキュイ・アマンド・
　オ・カフェ

ローマジパン50％：75g
粉糖：45g
卵黄：40g
全卵：50g
コーンスターチ：30g
薄力粉：15g
コーヒー・エッセンス：10g

ムラング・フランセーズ

卵白：125g
グラニュー糖：20g

2 コーヒー・シロップ

水：320g
グラニュー糖：150g
コーヒー・エッセンス：30g

3 ティラミス・ムース

マスカルポーネチーズ：375g
ゼラチン：6g
生クリーム：255g
マルサラ酒：30g
粉糖：適量

アパレイユ・ア・ボンブ

水：30g
グラニュー糖：110g
卵黄：70g

4 洋ナシのコンポート

洋ナシ：400g
水：30g
グラニュー糖：60g
ゼラチン：6g

5 シャブロン（コーティング）

ブラックチョコレート：30g

6 デコレーション

ココアパウダー：30g

1　ビスキュイ・アマンド・オ・カフェを作る。オーブンを180℃に温めておく。卓上ミキサーのボウルにローマジパンと、卵黄、全卵を入れ混ぜ合わせる。粉糖を加えて数分間、気泡を十分に取り込むようにして混ぜる。コーヒー・エッセンスを加えて、ムラがなくなるまで優しく混ぜ、別のボウルに移す。

2　ムラング・フランセーズを作る（P.43参照）。その1/3を1のボウルに入れ、ゴムべらで優しく混ぜ合わせる。ふるいにかけた薄力粉とコーンスターチを加えてゴムべらで混ぜ、さらに残りのメレンゲを加えて、同様に混ぜ合わせる。

3　紙を敷いた天板の上に、2の生地を流し、パレットナイフで平らに伸ばす。オーブンで15～25分焼き冷ます。

4　コンポートを作る。ゼラチンは冷水で戻す（P.270参照）。洋ナシは皮をむき2cmの角切りにする。鍋に水、グラニュー糖、角切りにした洋ナシを入れ強火で煮詰めて、スパチュラで混ぜながら水分を十分に飛ばす。水気を切ったゼラチンを混ぜる。

5　シロップを作る。鍋に水を入れ沸騰させる。グラニュー糖を加え完全に溶けたら火を止めて、コーヒー・エッセンスを加えて冷ましておく。3の生地を型に合わせて2枚にカットする。1枚目の生地に、溶かしたチョコレートをパレットナイフで薄く塗る（P.280参照）。

6　紙を敷いた天板に型を準備し、チョコレートを塗った面が底になるように裏返して型の中に敷く。シロップを刷毛で打つ（P.278参照）。その上に、洋ナシのコンポートをゴムべらで平らに伸ばす。冷凍庫で3時間冷やす。

7　ティラミス・ムースを作る。ゼラチンを冷水で戻す（P.270参照）。生クリームにマスカルポーネチーズを加え、ミキサーで泡立てる。そのうち210gはデコレーション用に粉糖を加えて冷蔵庫に入れておく。アパレイユ・ア・ボンブを作る（P.59参照）。軽く温めたマルサラ酒に、水気を切ったゼラチンを溶かし、生クリームに加えて泡立て器で優しく混ぜる。アパレイユ・ア・ボンブを1/3加え、泡立て器で混ぜる。残りのアパレイユ・ア・ボンブも加えて、ゴムべらで優しく混ぜる。

8　冷凍庫から出した6の上に、ティラミス・ムース250gをゴムべらで平らに伸ばし、冷凍庫で30分冷やす。2枚目の生地を重ね、シロップを打つ。その上にティラミス・ムースの残りを流す。さらに冷凍庫で1時間冷やす。

9　冷凍庫からケーキを出し型を外す。デコレーション用に取っておいた7の生クリームを、サントノーレ口金をつけた絞り袋に入れて、表面に絞る。仕上げにココアパウダーを振りかける。

ENTREMETS AU GIANDUJA

アントルメ・オ・ジャンドゥーヤ

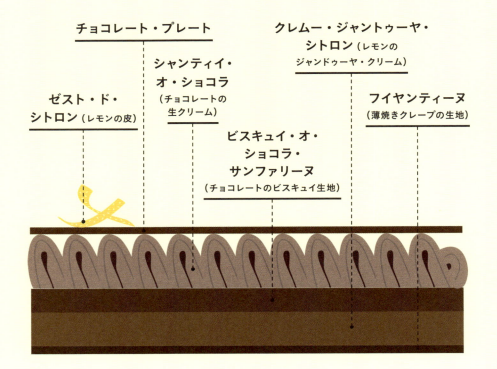

- チョコレート・プレート
- クレムー・ジャントゥーヤ・シトロン（レモンのジャンドゥーヤ・クリーム）
- シャンティイ・オ・ショコラ（チョコレートの生クリーム）
- ゼスト・ド・シトロン（レモンの皮）
- フイヤンティーヌ（薄焼きクレープの生地）
- ビスキュイ・オ・ショコラ・サンファリーヌ（チョコレートのビスキュイ生地）

どんなケーキ？

イタリアの銘菓、ジャンドゥーヤ（ナッツ類を加えたチョコレート）をイメージしたケーキ。フィヤンティーヌに、プラリネとレモンを加えたクリーム、ミルクチョコレート入りのシャンティイを重ねます。

製作時間

下準備：2時間
焼成：15分
冷蔵：4時間以上

必要な道具

24×24cm角セルクル型
絞り袋
ビュッシュ・ド・ノエル用口金（8mm）
つまようじ
発泡スチロール
L字状パレットナイフ
シェフナイフ
紙（オーブンシート）

生クリームにチョコレートを加えると、ダマができやすいのはなぜ？

冷やしたチョコレートが結晶化して、生クリームを泡立てる時に、ダマができてしまうことがあります。これを避けるためには、チョコレートと生クリームを均質になるまで混ぜ合わせ、しっかりと乳化させます。

美しく仕上げるポイント

チョコレートの生クリームを作ります。

基本技法

口金付きの絞り袋を使います（P.272参照）。
湯せん鍋を用意します（P.270参照）。
カラメルを作ります（P.278参照）。

手順

ビスキュイ ⇒ フイヤンティーヌ ⇒ ジャンドゥーヤ・クリーム ⇒ シャンティイ ⇒ 組み立て ⇒ チョコレート・プレート ⇒ レモンの皮 ⇒ ノワゼット・カラメリゼ

材料
(12×2cmのケーキ12個分)

1 フィヤンティーヌ

フィヤンティーヌ（または薄焼き
クレープを砕いたもの）：215g
プラリネ：370g
ブラックチョコレート：150g

**2 クレムー・
　　ジャンドゥーヤ・シトロン**

ヘーゼルナッツ・ペースト：120g
ブラックチョコレート：120g
レモン果汁：100g（約6個分）
生クリーム（乳脂肪分：30%）：50g

**3 ビスキュイ・オ・ショコラ・
　　サン・ファリーヌ**

ビスキュイ・ショコラのベース
バター：40g
カカオ66%のチョコレート：140g
プロヴァンス産アーモンド
50%のペースト：70g
卵黄：30g

ムラング・フランセーズ
卵白：160g
グラニュー糖：60g

4 シャンティイ・オ・ショコラ

生クリーム：500g
ミルクチョコレート：200g

5 チョコレート・プレート

ブラックチョコレート：200g

6 ゼスト・ド・シトロン・コンフィ

水：100g
グラニュー糖：130g
レモン：2個

7 ノワゼット・カラメリゼ

皮無しヘーゼルナッツ：150g
水：50g
グラニュー糖：200g
水あめ：40g

1　ビスキュイ・オ・ショコラを作る（P.41参照）。次に、フイヤンティーヌを作る。チョコレートを湯せんで溶かし（P.270参照）、ミキサーのボウルの中にフイヤンティーヌとプラリネを入れ、ビーターを取りつけて低速で混ぜる。よく混ざったら溶かしチョコレートを加え、さらにビーターで混ぜ合わせる。

2　クレムー・ジャンドゥーヤを作る。ブラックチョコレートを湯せん鍋にかける。レモンの果汁を搾る。ボウルにヘーゼルナッツ・ペーストと溶かしチョコレートを入れて、スパチュラで混ぜ合わせる。生クリームを温めて加え、レモンの果汁も加えて混ぜる。

3　紙を敷いた天板に型をのせ、1のフイヤンティーヌを敷き、2のクリームを流し、冷蔵庫で30分間冷やす。

4　3を冷蔵庫から出し型からはずす。1のビスキュイを型に合わせてカットする。

5　ビスキュイを3の上にのせて、冷蔵庫に入れておく。

6　シャンティイ・オ・ショコラを作る。生クリームを煮立て、ボウルに入れたミルクチョコレートの上に注ぎ、泡立て器で混ぜる。容器に移して、表面にぴったりとラップをかけ、冷蔵庫で翌日までしっかり冷やす。5のケーキを12×2cmサイズにカットし、間隔をあけて並べる。チョコレートを混ぜた生クリームを冷蔵庫から出し、シャンティになるまで泡立てる（P.63参照）。ビュッシュ・ド・ノエル用口金をつけた絞り袋に詰めて、ケーキの上に波模様を描くように絞り出す（P.272参照）。

7　12×2cmサイズのチョコレート・プレートを12枚作る（P.87参照）。ゼスト・ド・シトロン・コンフィを作る（P.281参照）。千切りにしてから水気を切り、結び目を作る。ケーキにチョコレート・プレートをのせ、レモンの皮（ゼスト）を飾る。

8　ノワゼット・カラメリゼを作る（P.49参照）。ヘーゼルナッツをつまようじに刺しておく。カラメルがとろりとしてきたら、その中にヘーゼルナッツを浸け、発泡スチロールに刺してカラメルが固まるまで乾かす。固まったらつまようじを取って、ケーキの上に飾る。

DÔMES
CŒUR GRIOTTE

ドーム・クール・グリヨット
（グリオット・チェリーのドームケーキ）

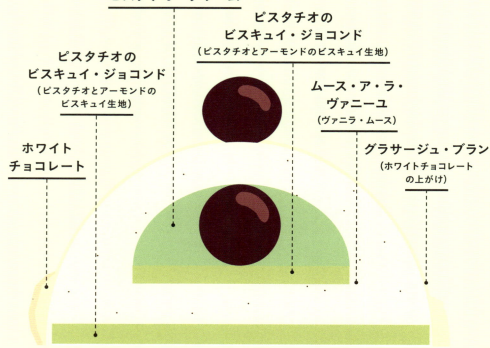

図中ラベル：
- チェリー入りピスタチオ・クリーム
- ピスタチオのビスキュイ・ジョコンド（ピスタチオとアーモンドのビスキュイ生地）
- ピスタチオのビスキュイ・ジョコンド（ピスタチオとアーモンドのビスキュイ生地）
- ムース・ア・ラ・ヴァニーユ（ヴァニラ・ムース）
- ホワイトチョコレート
- グラサージュ・ブラン（ホワイトチョコレートの上がけ）

どんなケーキ？
ピスタチオのソフトなビスキュイ生地とヴァニラのムースを組み合わせたドーム型のケーキ。中にチェリー入りのピスタチオクリームが入っています。

製作時間
下準備：2時間
焼成：40分
冷凍：6時間以上

必要な器具
直径3cmシリコンドーム型
直径8cmシリコンドーム型
直径3cm抜き型
直径7cm抜き型
絞り袋
金網
紙（オーブンシート）

ヴァリエーション
クラシックスタイル：チョコレート・ムース、ヴァニラクリーム（ピスタチオ・ペーストの代わりに、ヴァニラスティックを使用）で作ります。

美しく仕上げるポイント
きれいな層になるように組み立てます。

基本技法
卵黄を白っぽくなるまで泡立てます（P.279参照）。
ゼラチンを冷水で戻します（P.270参照）。
生地底面をチョコレートでコーティングします（P.280参照）。
口金付きの絞り袋を使います（P.272参照）。

手順
クリーム ⇒ ビスキュイ ⇒ ムース ⇒ 組み立て ⇒ グラサージュ ⇒ チョコレートのデコレーション

材料（6個分）

1 チェリー入り
   ピスタチオ・クリーム

生クリーム：60g
牛乳：20g
グラニュー糖：8g
コーンスターチ：3g
卵黄：20g
ピスタチオ・ペースト：10g
チェリー：6個
（グリオットかアマレーナ）

2 ピスタチオの
   ビスキュイ・ジョコンド

アーモンド・パウダー：70g
粉糖：70g
卵：100g（2個）

薄力粉：10g
ピスタチオ・ペースト：10g
デコレーション用の粉糖：30g

3 メレンゲ

卵白：70g
グラニュー糖：10g

4 シャブロン（コーティング）

ホワイトチョコレート：30g

5 ムース・ア・ラ・ヴァニーユ

クレーム・アングレーズ
生クリーム：180g
ヴァニラスティック：2本
卵黄：60g
グラニュー糖：30g
ゼラチン：5g

クレーム・モンテ
生クリーム：180g

6 グラサージュ・ブラン

牛乳：60g
水あめ：25g
ゼラチン：3g
ホワイトチョコレート：150g
水：15g
酸化チタン：4g

7 デコレーション

チェリー：6個
（グリオットかアマレーナ）
ホワイトチョコレート：50g

1　オーブンを90℃に温めておく。チェリー入りのピスタチオ・クリームを作る。ボウルに、卵黄、グラニュー糖、コーンスターチを入れ、白っぽくなるまで泡立てる (P.279参照)。鍋に牛乳、生クリーム、ピスタチオ・ペーストを入れて泡立て器で混ぜながら温める。軽く沸騰してきたら、すぐに泡立てた卵黄の上に注ぎ混ぜる。

2　直径3cmのシリコンドーム型に、チェリーを1個ずつ入れ、1のピスタチオ・クリームを流す。オーブンに入れ、20～30分焼く。型を揺らした時に、クリームが動かない固さになるまで火を通す。室温で冷ました後に、冷凍庫で3時間以上冷やし、型から取り出す。

3　ビスキュイ・ジョコンドを作る (P.35参照)。オーブンを190℃に温める。できた生地のうち30gを取り分けピスタチオ・ペーストを加え混ぜる。それを、残りの生地の中に戻しゴムべらで混ぜ合わせる。紙を敷いた天板の上に、生地をパレットナイフで平らに伸ばし、オーブンで10分焼いた後、紙ごと金網の上に取り出して冷ます。粉糖を振りかけた紙の上に、ビスキュイを裏返しにして置き表面の紙を剥がす。直径7cm、直径3cmの抜き型でビスキュイをそれぞれ6枚ずつくり抜く。コーティング用のホワイトチョコレートを、湯せんで溶かす。直径7cmのビスキュイ6枚の片面に、溶かしたホワイトチョコレートをパレットナイフで薄く塗る (P.280参照)。

4　ムース・ア・ラ・ヴァニーユを作る。ゼラチンを冷水で戻す (P.270参照)。クレーム・アングレーズを作り (P.61参照)、水気を切ったゼラチンをソースに加えて、泡立て器で混ぜる。こし器でこして、表面にピッタリとラップをかけ、室温になるまで冷ます。生クリームを泡立てて、シャンティイにする (P.63参照)。その1/3をクレーム・アングレーズに加えて、泡立て器でかき混ぜて、さらに残りのシャンティイを加えて、ゴムべらで混ぜ合わせる。

5　4のムースを、絞り袋に詰めて、その先端をハサミで切る。直径8cmのシリコン型を用意して、ムースを半分まで注入する。

6　5の中央に、2のチェリー入りピスタチオ・クリームを入れ、その上に直径3cmのビスキュイをのせる。さらにヴァニラ・ムースを、ドーム型の縁から2cm下のところまで絞る。その上に、直径7cmのビスキュイを、チョコレートでコーティングした面が外側になるように重ねる。冷凍庫で最低でも3時間、できれば翌日まで冷やす。

7　グラサージュ・ブランを作る (P.78参照)。バットに金網を置き、その上に、型から取り出したドームケーキを置き、グラサージュをレードルで全体に流しかける。それぞれのケーキの周りに、ホワイトチョコレートを飾りつけ、頂上にチェリーを1つずつのせる。

TARTE
EXOTIQUE

タルト・エグゾティック
（トロピカルフルーツのタルト）

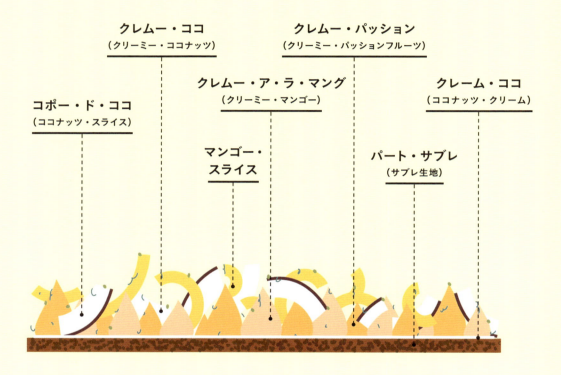

クレムー・ココ
（クリーミー・ココナッツ）

クレムー・パッション
（クリーミー・パッションフルーツ）

コポー・ド・ココ
（ココナッツ・スライス）

クレムー・ア・ラ・マング
（クリーミー・マンゴー）

クレーム・ココ
（ココナッツ・クリーム）

マンゴー・
スライス

パート・サブレ
（サブレ生地）

どんなケーキ？
サブレ生地をココナッツ・クリームで覆い、ココナッツ・パッション・マンゴーのクリームとフルーツを飾ったトロピカルなタルト。

製作時間
下準備：2時間
焼成：20〜30分
冷蔵：2時間以上

必要な道具
絞り袋：3枚
丸口金（8mm）：3個
直径24cm セルクル型
おろし金
ハンドブレンダー
紙（オーブンシート）

美しく仕上げるポイント
生地に均一な焼き色が付くように焼き上げます。
クリームをドーム状に絞ります。

基本技法
卵黄を白っぽく泡立てます（P.279参照）。
口金付きの絞り袋を使います（P.272参照）。
柑橘類の表皮をすりおろします（P.281参照）。

手順
パート・サブレ ⇒ クレーム・ココ ⇒
クレムー・ココ ⇒ クレムー・パッション ⇒
クレムー・ア・ラ・マング ⇒ デコレーション

130

材料（8人分）

1 パート・サブレ
薄力粉：200g
バター：70g
塩：1g
粉糖：70g
卵：50g（1個）

2 クレーム・ココ
バター：60g
グラニュー糖：40g
ココナッツの実をおろしたもの：60g
卵：50g（1個）
薄力粉：10g

3 クレムー・ココ
ココナッツ・ピュレ：100g
卵黄：25g
全卵：30g
グラニュー糖：20g
ゼラチン：1g
バター：30g
ココナッツの実をおろしたもの：30g

4 クレムー・パッション
パッションフルーツ・ピュレ：125g
卵黄：35g
全卵：50g（1個）
グラニュー糖：35g
ゼラチン：1g
バター：50g

5 クレムー・ア・ラ・マング
マンゴー・ピュレ：125g
卵黄：35g
全卵：50g（1個）
グラニュー糖：35g
ゼラチン：1g
バター：50g

6 デコレーション
マンゴー：1個
ココナッツの実：1個
パッションフルーツ：2個
ライム：1個

1　パート・サブレを作り（P.12参照）、休ませた後、厚さ2mmになるまで麺棒で伸ばす。紙を敷いた天板の上に生地をのせ、内側にバターを塗った型で生地をくり抜く。外側の余分な生地を取り、型をそのままはめておく。

2　クレーム・ココを作る。オーブンを160℃に温める。クレーム・ダマンドと同じ手順（P.64参照）で、アーモンド・パウダーの代わりに、おろしたココナッツの実を加えて作る。

3　1の生地に2を流し、オーブンに入れて20〜30分焼く。パレットナイフで生地を持ち上げて、底面に均一な焼き色がついていたら型を取り出して、金網の上で冷ます。

4　クレーム・パッションを作る。卵黄と全卵にグラニュー糖を加えて、白っぽくなるまで泡立てる（P.279参照）。鍋にパッションフルーツ・ピュレを入れ、火にかけて沸騰させる。その半分を、泡立てておいた卵液の上に注ぎ、泡立て器で混ぜる。ゼラチンを冷水で戻しておく（P.270参照）。

5　残り半分のパッションフルーツ・ピュレの鍋に4を戻し、泡立て器で混ぜながら加熱する。沸騰してきたらすぐに火からおろして、バターと水気を切ったゼラチンを加える。泡立て器で混ぜた後、ハンドブレンダーで2〜3分かく拌する。容器に移し、冷蔵庫で2時間以上冷やす。

6　5のムースを泡立て器で混ぜ、滑らかにする。口金を付けた絞り袋にムースを詰めて、3のタルトの上に、小さなドームをランダムに表面の1/3が埋まるくらい絞っていく。

7　クレムー・ア・ラ・マングを作る。4〜6と同じ手順で作り、タルト台のあいているスペースに同様に絞る。

8　クレムー・ココを作る。4〜6と同じ手順で作り、バターとゼラチンを加える時に、おろしたココナッツの実も一緒に入れる。タルト台の空いているスペースに同様に絞る。マンゴーの皮をむいて、リボン状にカットする。ココナッツは実を割って、ペティナイフで薄くスライスする。パッションフルーツは果肉をくり抜き、それぞれのフルーツをタルトの上にバランスよく散らす。

デコレーション

すりおろしたライムの表皮をタルトの表面全体に振りかける。

PISTACHE-FRUITS ROUGES
CHARLOTTE

シャルロット・ピスターシュ-フリュイルージュ
（赤い果実とピスタチオのシャルロット・ケーキ）

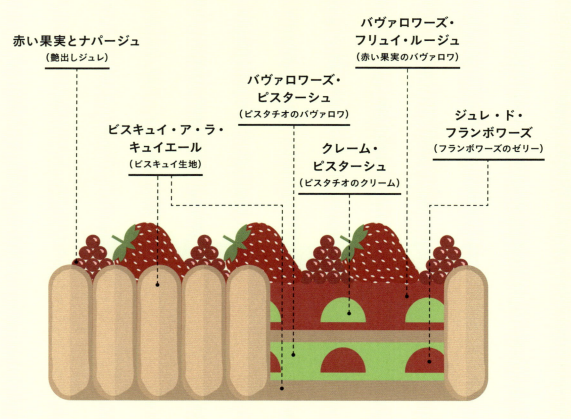

どんなケーキ？
帯状に連なったビスキュイ生地と、2種のバヴァロワを組み合わせたシャルロット・ケーキ。フランボワーズのバヴァロワの層の中に、ピスタチオのクリームを、ピスタチオのバヴァロワの層の中に、フランボワーズのゼリーを入れます。表面を赤い果実とナパージュで覆います。

製作時間
下準備：2時間
焼成：8〜15分
冷凍：4時間
冷蔵：3時間

必要な道具
絞り袋、丸口金（10mm）
直径22cm セルクル型
ムースフィルム
直径3cm シリコンドーム型
（24個並んでいるもの）
紙（オーブンシート）

基本技法
口金付きの絞り袋を使います（P.272参照）。

手順
ビスキュイ ⇒ クリーム／ジュレ ⇒ バヴァロワーズ ⇒ 組み立て ⇒ デコレーション

材料（8人分）

1 バヴァロワーズ・ピスターシュ

クレーム・アングレーズ
牛乳：125g
生クリーム：125g
卵黄：50g
グラニュー糖：40g
ピスタチオ・ペースト：30g
ゼラチン：4g

クレーム・モンテ
生クリーム：200g

2 バヴァロワーズ・フリュイ・ルージュ

クレーム・アングレーズ
赤い果実のピュレ：250g
卵黄：50g
グラニュー糖：40g
ゼラチン：4g

クレーム・モンテ
生クリーム：200g

3 ジュレ・ド・フランボワーズ

フランボワーズのピュレ：200g
グラニュー糖：20g
ゼラチン：2g

4 クレーム・ピスターシュ

クレーム・アングレーズ
牛乳：60g
生クリーム：60g
卵黄：25g
グラニュー糖：15g
ゼラチン：2g
ピスタチオ・ペースト：10g

5 ビスキュイ・ア・ラ・キュイエール

ムラング・フランセーズ
卵白：150g
グラニュー糖：125g

ビスキュイのベース
薄力粉：100g
片栗粉：25g
卵黄：80g

焼成用
粉糖：30g

6 デコレーション

フランボワーズ：100g
イチゴ：100g
ビルベリー：100g
赤スグリ：50g
無塩のピスタチオ：50g
ナパージュ（艶出しジュレ）：50g

1　ビスキュイ・ア・ラ・キュイエールを作り（P.37参照）、絞り袋に入れる。紙に直径22cmの印を2個つける。中心から外側へと渦巻き状に絞り、円形を2枚作る。次に棒状に間隔を空けずに絞り出し、長さ40cm、幅5cmの帯を作る。オーブンで焼き、金網の上で冷ます。

2　クレーム・ピスターシュを作る。ゼラチンを冷水で戻す（P.270参照）。クレーム・アングレーズを作る（P.60参照）。クレームが温かいうちに、ピスタチオ・ペーストと水気を切ったゼラチンを加えて、泡立て器で混ぜる。シリコンドーム型12個の中に入れて、冷凍庫で2時間冷やす。ジュレ・ド・フランボワーズを作る。ゼラチンを冷水で戻す。鍋にフランボワーズのピュレと砂糖を入れて加熱する。沸騰してきたらすぐに火を止めて、水気を切ったゼラチンを加えて、泡立て器で混ぜる。残りのドーム型12個の中に入れて、冷凍庫で2時間冷やす。

3　紙を敷いた天板にセルクル型をのせ、その内側にムースフィルムを貼りつける。帯状のビスキュイを焼き目を外側に向け型の内側にはめこみ、底には円形のビスキュイを敷く。

4　バヴァロワーズ・ピスターシュを作る（P.70参照）。ゼラチンを冷水で戻しておく。クレーム・アングレーズを作り、温かいうちにピスタチオ・ペーストと水気を切ったゼラチンを加えて泡立て器で混ぜる。シャンティィと同じ要領で（P.62参照）でクレーム・モンテを作り、その1/3をクレーム・アングレーズに加えて泡立て器で混ぜ、残りはゴムべらで優しく混ぜる。

5　3にバヴァロワーズ・ピスターシュを流し、ゴムべらで平らにならす。ドーム型から、フランボワーズ・クリーム12個を取り出して、バヴァロワーズ・ピスターシュの中に散らす。

6　バヴァロワーズ・フリュイ・ルージュを作る。牛乳と生クリームの代わりに赤い実のピュレを使って4と同様に作る。

7　6の上に、2枚目の円形状のビスキュイを重ねて、バヴァロワーズ・フリュイ・ルージュを流し込む。ドーム型から、ピスタチオ・クリーム12個を取り出して、バヴァロワーズ・フリュイ・ルージュの中に散らす。3時間以上冷蔵庫で冷やす。

8　大鍋でナパージュを少し温める。火からおろして、フランボワーズ、4等分にカットしたイチゴ、ビルベリー、ピスタチオを加え、スプーンで優しく混ぜ合わせる。

9　シャルロット・ケーキの上面全体を、8のフルーツで覆い、仕上げに赤スグリを散らす。

CHOCO-LAIT BÛCHE

ビュッシュ・ショコーレ（ミルクチョコレートのビュッシュ）

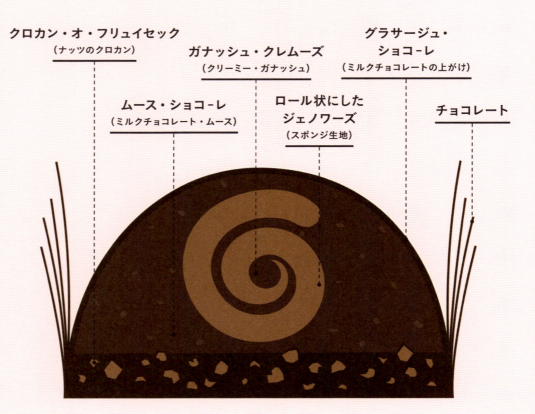

クロカン・オ・フリュイセック
（ナッツのクロカン）

ムース・ショコーレ
（ミルクチョコレート・ムース）

ガナッシュ・クレムーズ
（クリーミー・ガナッシュ）

ロール状にした
ジェノワーズ
（スポンジ生地）

グラサージュ・
ショコーレ
（ミルクチョコレートの上がけ）

チョコレート

どんなケーキ？
カリカリの食感が楽しいナッツ入りクロカン（ベース）と、シナモン入りのミルクチョコレートのムースで作る薪形のケーキ。真ん中に、ロール状のスポンジ生地を入れ、表面をホワイトチョコレートで飾ります。

製作時間
下準備：2時間
焼成：30〜45分
冷凍：7時間以上

必要な道具
10×30cm ビュッシュ型
（トヨ型）
10×30cm 角型または
パウンドケーキ型
または天板とプレート
絞り袋
紙（オーブンシート）

ヴァリエーション
シナモン入りのミルクチョコレート・ムースを、ホワイトチョコレート・ムースに代えます（P.112参照）。

美しく仕上げるポイント
グラサージュできれいにコーティングします。

基本技法
ナッツをローストします（P.281参照）。
生クリームを泡立てます（P.277参照）。
チョコレート・プレートを作ります（P.87参照）。

パティシエの技
型をさっと熱湯に通すと、ケーキを型から取り出しやすくなります。

手順
クロカン⇒ガナッシュ⇒ジェノワーズ⇒ムース⇒組み立て⇒グラサージュ⇒デコレーション

材料（10人分）

1 クロカン・オ・フリュイセック

刻んだヘーゼルナッツ：60g
ミルクチョコレート：80g
プラリネ：150g
刻んだクルミ：60g

2 ジェノワーズ

卵：2個
薄力粉：65g
グラニュー糖：65g

3 ムース・ショコーレ

クレーム・アングレーズ
生クリーム：90g
牛乳：90g
卵黄：40g
グラニュー糖：20g
ミルクチョコレート：410g
シナモンパウダー：10g

クレーム・モンテ
生クリーム：340g

4 ガナッシュ・クレムーズ

牛乳：100g
卵黄：20g
グラニュー糖：20g
ブラックチョコレート：50g

5 グラサージュ・ショコーレ

ミルクチョコレート：125g
ブラックチョコレート：45g
生クリーム：110g
転化糖（トリモリン）：20g

6 グラサージュ・ブラン

牛乳：30g
水あめ：12g
ゼラチン：2g
ホワイトチョコレート：75g
水：8g
酸化チタン：2g

7 シャブロン（コーティング）

ホワイトチョコレート：30g

8 デコレーション

ブラックチョコレート：100g

1　クロカン・オ・フリュイセックを作る。オーブンを170℃に温める。紙を敷いた天板の上に、刻んだヘーゼルナッツとクルミを広げ、15～20分オーブンでローストする（P.281参照）。

2　湯せんでミルクチョコレートを溶かす。ボウルにプラリネと1のナッツを入れてスパチュラで混ぜ、溶かしたミルクチョコレートを加えて混ぜる。10×30cmの型の中に流し、冷蔵庫に入れる。

3　ガナッシュ・クレムーズを作り（P.73参照）、冷蔵庫に入れておく。ジェノワーズを作り（P.33参照）、10×30cmの長方形にカットする。ジェノワーズの片面にガナッシュを塗り、筒状に巻く。ラップで包んで、冷凍庫で1時間冷やす。

4　ムース・ショコーレを作る。湯せんでミルクチョコレートを溶かす。牛乳にシナモンを加え、クレーム・アングレーズを作り（P.61参照）、溶かしたミルクチョコレートに混ぜる。シャンティと同じ要領で（P.62参照）クレーム・モンテを作る。

5　クレーム・モンテ100gを4のクレームに加えて、泡立て器で混ぜた後、残りの生クリームを加えて、ゴムべらで混ぜ合わせる（P.270参照）。均一に混ざったらムースの半分をビュッシュ型に流し込む。

6　冷凍庫から筒状に巻いたジェノワーズを取り出して5の中心に置き、残りのムースを流す。

7　6の上に、2のクロカンを置き、その表面に溶かしたホワイトチョコレートを刷毛で薄く塗る。冷凍庫に入れて6時間以上冷やす。

8　グラサージュ・ショコーレ、グラサージュ・ブランをそれぞれ作り（P.78-79参照）、約45℃の温度に保っておく。バットの上に金網を置き、その上に型から取り出したケーキを置く。グラサージュ・ショコーレを、ビュッシュの表面全体に流しかける（P.280参照）。グラサージュ・ブランを絞り袋に入れてその先端を切り、表面全体に細い斜線を描くように絞る。

デコレーション／
チョコレート・ドロップ

ドロップ状のチョコレート・プレートを作り（P.87参照）、ビュッシュの側面に貼りつける。

TARTE AU CITRON
MERINGUÉE

タルト・オ・シトロン・ムランゲ
(レモンとメレンゲのタルト)

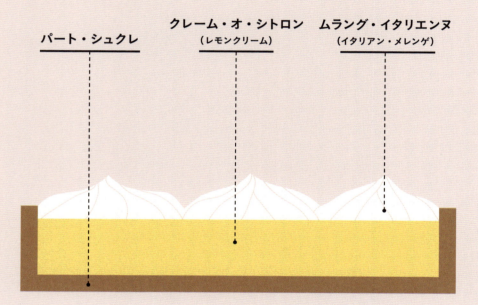

パート・シュクレ　クレーム・オ・シトロン　ムラング・イタリエンヌ
　　　　　　　　（レモンクリーム）　　　（イタリアン・メレンゲ）

どんなケーキ？
パート・シュクレのタルト生地にレモンクリームを詰めて、イタリアン・メレンゲを飾ったタルト。ガスバーナーでメレンゲの表面に焼き色をつけます。

製作時間
下準備：1時間
焼成：30分
冷蔵：2時間以上

必要な道具
直径24cmタルトセルクル型
絞り袋
サントノーレ口金
ガスバーナー
紙（オーブンシート）

ヴァリエーション
クラシックなデコレーション：メレンゲを星口金で絞ります。
シンプルなデコレーション：メレンゲをスパチュラで表面全体に伸ばします。
ライムタルト：レモンの代わりにライムを使います（果汁は同量）。
ゆずのタルト：レモンの代わりにゆずを使います（果汁は同量）。

美しく仕上げるポイント
生地をきれいに焼き上げます。
メレンゲを波状に絞り、ガスバーナーでほんのりと焼き色をつけます。

基本技法
薄く打ち粉をします（P.284参照）。
伸ばした生地を手で持ち上げて、空気を通します（P.284参照）。
生地を型に敷き込みます（P.284参照）。
ガスバーナーで焼き色をつけます（P.275参照）。
口金付きの絞り袋を使います（P.272参照）。

手順
パート・シュクレ⇒クレーム・オ・シトロン⇒ムラング・イタリエンヌ⇒組み立て⇒焼き色をつける

材料（8人分）

1 ゼスト・ド・
　シトロン・コンフィ

水：100g
グラニュー糖：50g
レモンの皮：適量

2 パート・シュクレ

バター：110g
粉糖：80g
アーモンド・パウダー：20g
全卵：50g（1個）
塩：1g
薄力粉：200g

3 クレーム・オ・シトロン

レモン果汁：140g（7個分）
グラニュー糖：160g
全卵：200g（4個）
ゼラチン：4g
バター：80g

4 ムラング・イタリエンヌ

卵白：50g
水：40g
グラニュー糖：125g

1 パート・シュクレを作る（P.15参照）。生地を作業する30分前に冷蔵庫から取り出しておく。オーブンを170℃に温める。台に薄く打ち粉をして（P.284参照）生地を麺棒で厚さ2mmに伸ばし、生地を軽く持ち上げて、全体に空気を通す。紙を敷いた天板の上に、内側にバターを塗った型をのせて、生地を型に敷き込む（P.285参照）。

2 余分な生地を、型の縁に沿ってナイフを入れるか、麺棒を転がすかして、切り落とす（P.285参照）。焼成中、生地が浮かないように、生地全体にフォークの先でピケし、重石をのせる（どちらかだけでもよい）（P.285参照）。

3 170℃のオーブンに入れて、30分間焼く。タルトの底を少し持ち上げて、底面に均一な焼き色がついたら取り出す。

4 ゼスト・ド・シトロン・コンフィを作る。レモンをよく洗い、皮をむいて白い部分をきれいに取り除き（P.281参照）、2mm幅の千切りにする（あるいは、専用の皮むきナイフで表皮をむく）。沸騰したお湯の中に、レモンの表皮を30秒浸けて水気を切る。

5 鍋に水を入れ沸騰させる。グラニュー糖を加え完全に溶けたら火を止め、4のレモンの表皮を加える。1時間以上浸け込んでおく。使用する前に水気をよく切っておく。

6 クレーム・オ・シトロンを作る（P.75参照）。温かいうちに、3のタルト台の縁いっぱいまで流し入れ、冷蔵庫で30分冷やす。

7 5のゼスト・ド・シトロン・コンフィをクレーム・オ・シトロンの上に散らす。

8 ムラング・イタリエンヌを作る（P.45参照）。口金をつけた絞り袋に詰めて、タルト表面の外側から中心へ向けて、短い弓形の線をつなげて、円を描くように絞っていく。または、スプーンでタルトの上にのせていく。

9 ガスバーナーで、メレンゲの表面に焼き色をつける（P.275参照）。あるいは、タルトをオーブンのグリルの下に30秒ほど入れて、焦がさないように焼き色をつける。

TARTELETTE AU
CITRON VERT

タルトレット・オ・シトロン・ヴェール
(ライムのタルトレット)

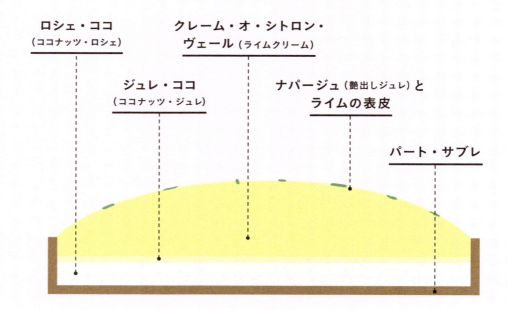

ロシェ・ココ
(ココナッツ・ロシェ)

クレーム・オ・シトロン・ヴェール(ライムクリーム)

ジュレ・ココ
(ココナッツ・ジュレ)

ナパージュ(艶出しジュレ)と
ライムの表皮

パート・サブレ

どんなケーキ？
パート・サブレのタルト台に、ココナッツ、卵白、グラニュー糖で作る歯触りのよいロシェ・ココと、ココナッツ・ジュレをひき、ライムクリームを重ねます。

製作時間
下準備：1時間30分
焼成：約30分
冷蔵：2時間以上
冷凍：2時間以上

美しく仕上げるポイント
生地をきれいに焼き上げます。
パレットナイフでクリームを盛りつけます。

必要な道具
直径10cm タルトセルクル型：6個
直径12cm 抜き型
絞り袋
丸口金(10mm)
パレットナイフ
おろし金
紙(オーブンシート)

ヴァリエーション
レモンのタルトレット
(果汁は同量)

基本技法
薄く打ち粉をします(P.284参照)。
伸ばした生地を手で持ち上げて、空気を通します(P.284参照)。
生地を型に敷き込みます(P.284参照)。
ライムの表皮をすりおろします(P.281参照)。
パレットナイフでクリームをドーム状に整えます(P.275参照)。

パティシエの技
タルト台の焼成時、底を少し持ち上げて、底面に均一な焼き色がついているかチェックします。
ロシェ・ココを、サブレ生地とクリームの間に入れることで、タルト全体の食感のバランスがよくなります。

手順
パート・サブレ ⇒ ロシェ・ココ ⇒ ジュレ・ココ ⇒ クレーム・オ・シトロン・ヴェール ⇒ デコレーション

材料（タルトレット6個分）

1 ロシェ・ココ

おろしたココナッツの実：75g
グラニュー糖：75g
卵白：30g
ココナッツのピュレ：50g

2 パート・サブレ

薄力粉：200g
バター：70g
塩：1g
粉糖：70g
卵：50g（1個）

3 ジュレ・ココ

ココナッツ・ピュレ：100g
グラニュー糖：20g
ゼラチン：2g

4 クレーム・オ・シトロン・ヴェール

ライム果汁：120g（約8個分）
グラニュー糖：150g
卵黄：150g
バター：200g
ゼラチン：4g

5 デコレーション

ナパージュ（艶出しジュレ）：250g＋
ライム：1個

1　パート・サブレを作る（P.12参照）。生地を作業する30分前に冷蔵庫から取り出しておく。オーブンを170℃に温める。台に薄く打ち粉をして（P.284参照）、生地を麺棒で厚さ2mmになるまで伸ばす（P.284参照）。直径12cmの抜き型で生地を6枚くり抜く。

2　紙を敷いた天板の上に、内側にバターを塗った型6個をのせる。生地を型の中に敷き込む。底と側面の境目が、きれいな直角になるように、指で押さえながらしっかり密着させる（P.284参照）。余分な生地を、型の縁に沿ってナイフを入れるか、麺棒を転がすかして切り落とす（P.285参照）。タルト台を170℃のオーブンで12分、空焼きする。

3　ボウルの中に、ロシェ・ココのベースの材料を全て入れ、混ぜ合わせる。

4　タルト台に、3のロシェ・ココをスプーンで35gずつ入れて平らに伸ばす。再びオーブンに入れて、15分焼いて冷ます。

5　ジュレ・ココを作る。ゼラチンを冷水で戻す（P.270参照）。鍋にココナッツ・ピュレ50gとグラニュー糖を入れて沸騰してきたら火からおろす。水気を切ったゼラチンと残りのココナッツ・ピュレを加えて混ぜる。タルト台にこのジュレ・ココを20gずつ流し、冷蔵庫に入れる。

6　クレーム・オ・シトロン・ヴェールを作る（P.74参照）。表面にぴったりとラップをかけ、冷蔵庫で2時間以上冷やす。クレームを泡立て器で混ぜて滑らかにしてから、口金を付けた絞り袋に詰めて、タルト台の上にドーム状に絞る（P.275参照）。

7　6をパレットナイフでドーム状に整えて（P.275参照）、冷凍庫で2時間以上冷やし固める。

8　ライムの表皮をすりおろし、温めたナパージュに加える。冷凍庫からタルトを取り出して、クレームの部分をナパージュに漬ける。

TARTELETTE CHIBOUST
FRAMBOISE

タルトレット・シブースト・フランボワーズ

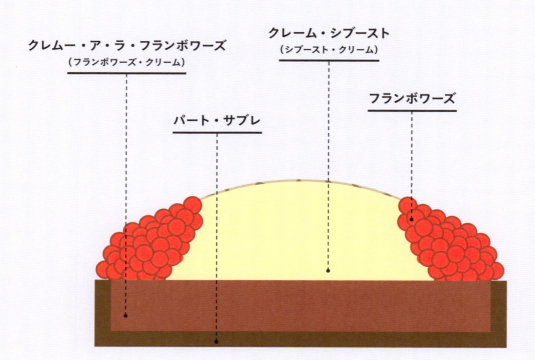

どんなケーキ？
パート・サブレの台に、フランボワーズ・クリームとシブースト・クリームを組み合わせた小型のタルト。仕上げにフランボワーズの実を飾ります。

製作時間
下準備：1時間30分
焼成：15分
冷蔵：30分
冷凍：4時間30分以上

必要な道具
直径8cmタルトセルクル型：8個
直径6cmシリコンドーム型
ハンドブレンダー
ガスバーナー
刷毛
紙（オーブンシート）

美しく仕上げるポイント
生地をきれいに焼き上げます。

基本技法
薄く打ち粉をします（P.284参照）。
伸ばした生地を手で持ち上げて、空気を通します（P.284参照）。
生地を型に敷き込みます（P.284参照）。
ゼラチンを冷水で戻します（P.270参照）。

パティシエの技
シリコン型がない場合は、絞り袋を使って、シブースト・クリームをドーム状に絞ります（P.275参照）。形が少し不揃いになりますが代用は可能です。

手順
パート・サブレ⇒クレムー・ア・ラ・フランボワーズ⇒クレーム・シブースト⇒組み立て

150

材料
（タルトレット8個分、または直径24cmのタルト1台分）

1 パート・サブレ

薄力粉：200g
バター：70g
塩：1g
粉糖：70g
卵：50g（1個分）

2 クレーム・シブースト

クレーム・パティシエール
牛乳：250g
卵黄：50g
グラニュー糖：60g
コーンスターチ：25g
バター：25g
ゼラチン：8g

ムラング・イタリエンヌ
卵白：50g
水：40g
グラニュー糖：125g

3 クレムー・ア・ラ・フランボワーズ

フランボワーズ・ピュレ：200g
（またはフランボワーズ・ソース：40g）
卵黄：60g
全卵：80g
グラニュー糖：60g
ゼラチン：2g
柔らかくしたバター：80g

4 デコレーション

フランボワーズの実：250g
ナパージュ（艶出しジュレ）：200g

1　パート・サブレを作る（P.12参照）。生地を作業する30分前に冷蔵庫から取り出しておく。オーブンを170℃に温める。台に薄く打ち粉をして（P.284参照）、生地を麺棒で、厚さ2mmになるまで伸ばし、生地を軽く持ち上げて、全体に空気を通す（P.284参照）。

2　紙を敷いた天板の上に、内側にバターを塗った型をのせて生地を敷き込む（P.284参照）。余分な生地を、型の縁に沿ってナイフを入れるか、麺棒を転がすかして切り落とす（P.285参照）。焼成中、生地が浮かないように、生地全体にフォークの先でピケし、重石を入れる（どちらかだけでもよい）（P.284参照）。

3　170℃のオーブンに入れて、15分間焼く。タルトの底を少し持ち上げて、底面に均一な焼き色がついたら取り出す。

4　クレムー・フランボワーズを作る。ボウルに卵黄とグラニュー糖を入れ、白っぽくなるまで泡立てる（P.279参照）。ゼラチンを冷水で戻す（P.270参照）。

5　フランボワーズ・ピュレを加熱し沸騰してきたら、その半量を4の上に注ぐ。泡立て器で混ぜ合わせ、残りのピュレの入った鍋に戻す。

6　再び火にかけ、よく混ぜながら煮る。軽く沸騰してきたら火からおろし、柔らかくしたバターと水気を切ったゼラチンを加える。泡立て器で混ぜ合わせた後、ハンドブレンダーで2〜3分かく拌する。

7　6のクレムー・フランボワーズをタルトの縁いっぱいまで流し入れ、冷蔵庫で30分冷やす。

8　クレーム・シブーストを作り（P.67参照）、シリコンドーム型に流し入れて、冷凍庫で4時間以上、できれば翌日まで冷やし固める。

9　8をシリコンドーム型から取り出して、タルトの上に置く。ガスバーナーでドーム表面に焼き色をつける（P.275参照）。冷凍庫に20分入れた後、表面にナパージュを刷毛で塗り、ドームの周りに縦半分にカットしたフランボワーズを飾る。

TARTE AUX FRAISES

タルト・オ・フレーズ
（イチゴのタルト）

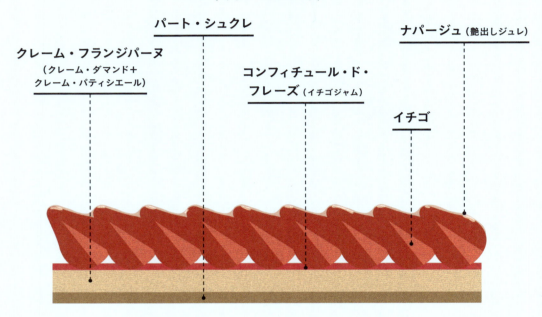

どんなケーキ？
パート・シュクレのタルト台に、アーモンド・クリームとカスタードクリームを合わせたフランジパーヌ・クリーム、イチゴジャム、フレッシュなイチゴを重ねたタルト。

製作時間
下準備：1時間
焼成：30分
冷蔵：1時間

必要な道具
直径24cmタルトセルクル型
絞り袋
丸口金（8mm）
紙（オーブンシート）

ヴァリエーション
タルトに、クレーム・パティシエールやシャンティィを詰めたり、イチゴをそのまま飾りつけします。

美しく仕上げるポイント
生地をきれいに焼き上げます。

基本技法
薄く打ち粉をします（P.284参照）。
伸ばした生地を手で持ち上げて、空気を通します（P.284参照）。
生地を型に敷き込みます（P.284参照）。
口金付きの絞り袋を使います（P.272参照）。

手順
パート・シュクレ ⇒ クレーム・フランジパーヌ ⇒ 組み立て ⇒ デコレーション

材料（8人分）

パート・シュクレ
バター：140g
粉糖：100g
アーモンド・パウダー：25g
卵：50g（1個）
塩：1g
薄力粉：250g

クレーム・フランジパーヌ

クレーム・ダマンド
バター：50g
グラニュー糖：50g
アーモンド・パウダー：50g
卵：50g（1個）
薄力粉：10g

クレーム・パティシエール

牛乳：30g
卵黄：8g
グラニュー糖：8g
コーンスターチ：4g
バター：4g

デコレーション

イチゴ：750g
イチゴジャム：100g
ナパージュ（艶出しジュレ）：50g
水：20g

1　パート・シュクレを作り（P.15参照）、作業する30分前に生地を冷蔵庫から取り出しておく。台に薄く打ち粉をして（P.284参照）、生地を麺棒で厚さ2mmに伸ばし、生地を軽く持ち上げて、全体に空気を通す（P.284参照）。

2　紙を敷いた天板の上に、内側にバターを塗った型をのせ、生地を敷き込む。余分な生地を型の縁に沿ってナイフを入れるか、麺棒を転がすかして切り落とす（P.285参照）。冷蔵庫で30分休ませる。オーブンを160℃に温める。

3　クレーム・パティシエールを作り（P.53参照）冷蔵庫に入れておく。クレーム・ダマンドを作り（P.65参照）、その中にクレーム・パティシエールを、泡立て器で混ぜながら加える。口金をつけた絞り袋に詰めて、2のタルト生地の上に中心から渦巻き状に絞り出す（P.272参照）。

4　3を160℃のオーブンで30分焼く。タルトの底を持ち上げて、底面に均一に焼き色がついたら取り出す（P.285参照）。

5　4の表面に、イチゴジャムを塗り広げる。

6　デコレーション用のイチゴのうち、形のきれいなイチゴを1粒取っておく。他のイチゴはすべて縦半分にカットする。5の上に、カットしたイチゴを並べていく。まず外側から1周目は外面が見えるように、2周目はカット面が見えるように、重なりあうように並べる。これを交互に繰り返し、バラ模様になるように中心まで飾っていく。真ん中に取っておいた1粒のイチゴを飾る。

7　鍋にナパージュと水20gを入れ煮立て、刷毛でイチゴの表面に塗る（P.275参照）。

TARTE
PASSION

タルト・パシヨン
(パッションフルーツのタルト)

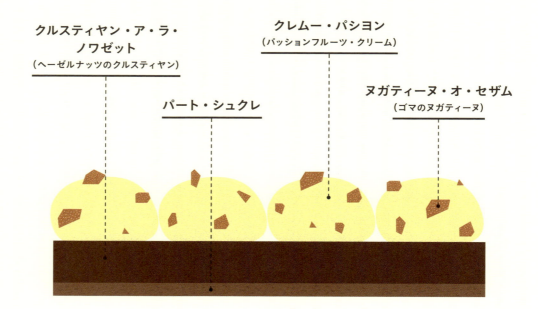

どんなケーキ？
パート・シュクレのタルト台に、カリカリっとしたヘーゼルナッツのクルスティヤンと、パッションフルーツ・クリームを重ね、ゴマ入りのヌガティーヌを散らしたパッションフルーツのタルト。

製作時間
下準備：1時間30分
焼成：50〜65分
冷蔵：3時間

必要な道具
12×24cm角セルクル型
絞り袋
丸口金（12mm）
ハンドブレンダー
紙（オーブンシート）

美しく仕上げるポイント
生地をきれいに焼き上げます。

基本技法
薄く打ち粉をします（P.284参照）。
伸ばした生地を手で持ち上げて、空気を通します（P.284参照）。
口金付きの絞り袋を使います（P.272参照）。

手順
パート・シュクレ ⇒ クルスティヤン・ア・ラ・ノワゼット ⇒ クレムー・パシヨン ⇒ ヌガティーヌ・オ・セザム

材料（8人分）

1 パート・シュクレ

バター：70g
粉糖：50g
ヘーゼルナッツ・パウダー：50g
卵：30g
塩：1g
薄力粉：125g

2 クルスティヤン・ア・ラ・ノワゼット

薄力粉：100g
ヘーゼルナッツ・パウダー：100g
バター：100g
グラニュー糖：50g
ミルクチョコレート：100g
プラリネ：50g
フィヤンティーヌ（または薄焼きクレープを砕いたもの）：50g

3 クレムー・パシヨン

パッションフルーツのピュレ：250g
卵黄：75g
全卵：100g
グラニュー糖：75g
ゼラチン：2g
バター：100g

4 ヌガティーヌ・オ・セザム

ゴマ：50g
フォンダン：60g
水あめ：50g

1　パート・シュクレを作る（P.15参照）。作業する30分前に生地を冷蔵庫から出しておく。オーブンを170℃に温める。台に薄く打ち粉をして、生地を麺棒で厚さ2mmに伸ばす。生地を軽く持ち上げて、全体に空気を通す（P.284参照）。紙を敷いた天板の上に置き、型を使って12×24cmの長方形にカットする。焼成中、生地が浮かないように、生地全体にフォークの先でピケする。

2　170℃のオーブンで20分間焼く。底面に均一な焼き色がついたら取り出し金網の上で冷ます。

3　クルスティヤン・ア・ラ・ノワゼットを作る。まず、クランブルを作る。オーブンを170℃に温める。薄力粉、ヘーゼルナッツ・パウダー、角切りにした冷たいバター、グラニュー糖を、指先と両手ですり合わせ砂状にする（P.284参照）。紙を敷いた天板の上に薄く伸ばし、オーブンに入れ、時々木べらで混ぜながら20〜30分焼く。オーブンから取り出し冷ます。

4　ミルクチョコレートを湯せんで溶かす（P.270参照）。そこにプラリネ、フィヤンティーヌ、3のクランブルを加え混ぜ合わせる。2のパート・シュクレの上に入れて、パレットナイフで平らに伸ばす。冷蔵庫で冷やす。

5　クレムー・パシオンを作る。ゼラチンを冷水で戻す（P.270参照）。ボウルに全卵、卵黄、グラニュー糖を入れ白っぽくなるまで泡立てる（P.279参照）。パッションフルーツ・ピュレを加熱し、沸騰してきたら、その半量を泡立てた卵の上に注ぐ。泡立て器で混ぜ合わせ、残りのピュレの入った鍋に戻す。

6　再び火にかけ、よく混ぜながら煮る。軽く沸騰してきたら火からおろし、バターと水気を切ったゼラチンを加える。泡立て器で混ぜ合わせた後、ハンドブレンダーで2〜3分かく拌する。冷蔵庫で2時間以上冷やす。

7　ヌガティーヌ・オ・セザムを作る。180℃のオーブンにゴマを入れて、10〜15分軽くローストする（P.281参照）。茶色くならないように気をつける。

8　ヌガティーヌを作る（P.51参照）。アーモンドの代わりに7のゴマを使う。麺棒で薄く伸ばして冷ました後、小さくなるまで砕く。

9　4のタルト台を冷蔵庫から出して、型から取り出す。クレムー・パシオンを泡立て器で混ぜて滑らかにしてから、絞り袋に詰める。タルト台の上に4つずつ縦一列にドーム状に絞る。小型のケーキとして仕上げたい場合は、タルトを6等分にカットしてからクリームを絞る。仕上げに、砕いたヌガティーヌを散らす。

158

TARTE AU
CHOCOLAT

タルト・オ・ショコラ

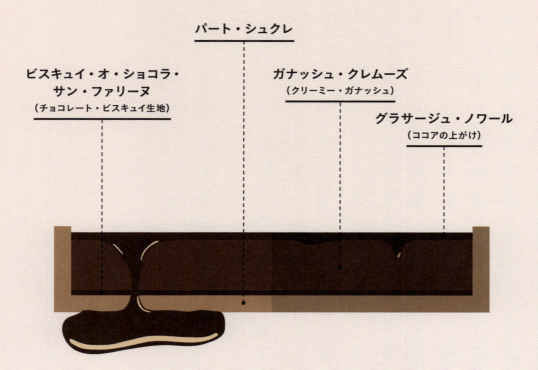

パート・シュクレ

ビスキュイ・オ・ショコラ・サン・ファリーヌ
（チョコレート・ビスキュイ生地）

ガナッシュ・クレムーズ
（クリーミー・ガナッシュ）

グラサージュ・ノワール
（ココアの上がけ）

どんなケーキ？

パート・シュクレのタルト台に、薄力粉を使わないチョコレート・ビスキュイ生地、ガナッシュ・クレムーズ（クリーミー・ガナッシュ）を重ねたタルト。艶やかなグラサージュ・ノワール（ココアの上がけ）で仕上げます。

製作時間

下準備：1時間
焼成：40分
冷蔵：3時間

必要な道具

直径24cmタルトセルクル型：1個
（または直径8cmタルトセルクル型：8個）
紙（オーブンシート）

ヴァリエーション

チョコレート・ヴァニラタルト：ガナッシュ・クレームズの代わりにムース・ア・ラ・ヴァニーユを使います（P.127参照）。
ココアのタルト台：パート・シュクレの薄力粉30g分の代わりに、ココアパウダー30gを使います。

美しく仕上げるポイント

タルトの表面をグラサージュで覆います。

基本技法

生地を型に敷き込みます（P.284参照）。

手順

パート・シュクレ⇒ビスキュイ・オ・ショコラ⇒焼成⇒ガナッシュ⇒グラサージュ

材料（8人分）

1 パート・シュクレ

バター：140g
粉糖：100g
アーモンド・パウダー：25g
卵：50g（1個）
塩：1g
薄力粉：170g

2 ビスキュイ・オ・ショコラ・サン・ファリーヌ

バター：20g
カカオ66%のチョコレート：70g
プロヴァンス産アーモンド50%のペースト：35g
卵黄：15g
卵白：80g
グラニュー糖：30g

3 ガナッシュ・クレムーズ

牛乳：250g
卵黄：50g
グラニュー糖：50g
ブラックチョコレート：125g

4 グラサージュ・ノワール・ブリヤン

水：120g
生クリーム：100g
グラニュー糖：220g
ココアパウダー：80g
ゼラチン：8g

1 パート・シュクレを作る (P.15参照)。グラサージュ・ノワール・ブリヤンを作り (P.77参照) 冷ます。次に、ビスキュイ・オ・ショコラ・サン・ファリーヌを作り (P.41参照)、冷めたら直径23cmの円形にカットする。

2 パート・シュクレの生地を、作業する30分前に冷蔵庫から出しておく。オーブンを150℃に温める。台に薄く打ち粉をして (P.284参照) 生地を麺棒で厚さ2mmに伸ばし、生地を軽く持ち上げて全体に空気を通す (P.284参照)。紙を敷いた天板の上に、内側にバターを塗った型をのせて、生地を型に敷き込む (P.284参照)。焼成中、生地が浮かないように、生地全体にフォークの先でピケし、重石をのせる (どちらかだけでもよい) (P.285参照)。余分な生地を型の縁に沿ってナイフを入れるか、麺棒を転がすかして切り落とす (P.285参照)。150℃のオーブンで25分焼く。

3 指で押して生地の焼き具合をチェックする。指の跡が残らないほどになれば、オーブンから取り出す。冷めたら型から外し、その上に1のビスキュイ・オ・ショコラを敷く。

4 ガナッシュ・クレムーズを作り (P.73参照)、タルト台の縁から2mm下のラインまで流し入れ、冷蔵庫で1時間冷やす。

5 1のグラサージュをタルトの中央に垂らし、タルトを軽く傾けて、表面全体に行き渡らせる。冷蔵庫で冷やす。

TARTE À LA
VANILLE

タルト・ア・ラ・ヴァニーユ
（ヴァニラムースのタルト）

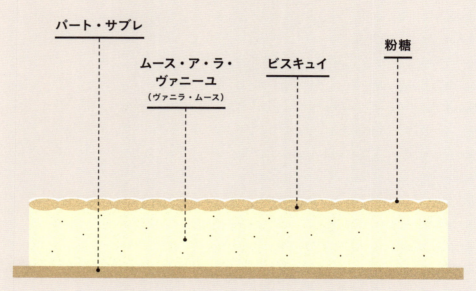

どんなケーキ？
サクサクとしたパート・サブレに、とろけるようなムース・ヴァニーユ（ヴァニラ・ムース）と、柔らかいビスキュイ生地を合わせたタルト。

製作時間
下準備：1時間30分
焼成：30〜35分
冷凍：4時間
冷蔵：30分

必要な道具
直径22cmタルトセルクル型
直径24cmタルトセルクル型
絞り袋
丸口金（10mm）
ムースフィルム
紙（オーブンシート）

美しく仕上げるポイント
生地をきれいに焼き上げます。
クレーム・アングレーズを滑らかに仕上げます。

基本技法
薄く打ち粉をします（P.284参照）。
伸ばした生地を手で持ち上げて、全体に空気を通します（P.284参照）。
口金付きの絞り袋を使います（P.272参照）。
ゼラチンを冷水で戻します（P.270参照）。

手順
パート・サブレ⇒ビスキュイ⇒ムース・ヴァニーユ⇒デコレーション

材料（8人分）

1 パート・サブレ
薄力粉：200g
バター：70g
塩：1g
粉糖：70g
卵：50g（1個）

2 ムース・ア・ラ・ヴァニーユ
クレーム・アングレーズ
生クリーム：180g
ヴァニラスティック：2本
卵黄：60g
グラニュー糖：30g
ゼラチン：5g
クレーム・モンテ
生クリーム：180g

3 ビスキュイ
卵白：100g
グラニュー糖：70g
ヴァニラスティック：1本
アーモンド・パウダー：60g
粉糖：60g
薄力粉：15g

4 デコレーション
粉糖：50g

1　パート・サブレを作り(P.12参照)、作業する30分前に生地を冷蔵庫から出しておく。台に薄く打ち粉をして(P.284参照)生地を麺棒で厚さ3mmに伸ばし、生地を軽く持ち上げて、全体に空気を通す(P.284参照)。直径24cmの型を使って生地をカットし、紙を敷いた天板にのせて、冷蔵庫で30分休ませる。170℃のオーブンで15〜20分、全体に均一な淡い色がつくように焼く。オーブンから取り出して冷ます。

2　ビスキュイを作る。オーブンを185℃に温める。アーモンド・パウダーに粉糖、薄力粉、ヴァニラスティックから取り出した種を加えてふるいにかける。

3　卵白とグラニュー糖でフレンチ・メレンゲを作る(P.42参照)。メレンゲの上にふるいにかけた2の粉類を加えて、ゴムべらで混ぜ合わせる。

4　紙に直径24cmの印をつける。ビスキュイ生地を、丸口金をつけた絞り袋に詰め、印の内側に中心から渦巻き状に絞る(P.273参照)。

5　オーブンで15分焼く。表面が黄金色になり、紙から簡単に剥がれる状態になったら取り出して冷ます。直径22cmにカットする。直径22cmの型の内側にムースフィルムを貼りつけ、ビスキュイを底に敷く。

6　ムース・ア・ラ・ヴァニーユを作る。ゼラチンを冷水で戻す(P.270参照)。クレーム・アングレーズを牛乳の代わりに生クリームを使って作る(P.61参照)。

7　6のクレーム・アングレーズを、スパチュラの上に線が引けるまで煮詰めたら(最高85℃まで)、水気を切ったゼラチンを加えて泡立て器で混ぜる。こし器でこした後、表面にぴったりとラップをかけて室温で冷ます。

8　シャンティイ(P.63参照)と同様に、生クリームを泡立てる。その1/3を7に加え、泡立て器でよくかき混ぜる。残りの生クリームを加え、ゴムべらで優しく混ぜ合わせる。このムースを5のビスキュイの上に流し、冷凍庫で約4時間、できれば翌日まで冷やす。

9　8の型とムースフィルムを外し、裏返して、1のパート・サブレの上にのせる。

デコレーション

表面全体に粉糖を振りかける。

TARTE AUX
NOIX DE PÉCAN

タルト・オ・ノワ・ド・ペカン（ピーカンナッツのタルト）

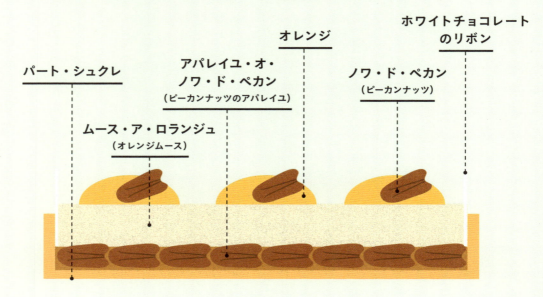

どんなケーキ？

パート・シュクレに、ピーカンナッツのアパレイユ、オレンジムースを重ねたタルト。仕上げにリボン状のホワイトチョコレートを飾ります。

製作時間

下準備：1時間30分
焼成：35～45分
冷凍：3時間以上

必要な道具

直径24cmセルクル型
ムースフィルム
ハンドブレンダー
紙（オーブンシート）

基本技法

ゼラチンを冷水で戻します（P.270参照）。
オレンジの表皮をすりおろします（P.281参照）。
生地を型に敷き込みます（P.284参照）。
ホワイトチョコレートのリボンを作ります（P.87参照）。

美しく仕上げるポイント

ふんわりとしたオレンジムースを作ります。ホワイトチョコレートのリボンを、割らないように飾りつけます。

手順

パート・シュクレ ⇒ アパレイユ・オ・ノワ・ド・ペカン ⇒ 焼成 ⇒ ムース・ア・ロランジュ ⇒ 組み立て ⇒ デコレーション

材料（8人分）

パート・シュクレ

バター：140g
粉糖：100g
アーモンド・パウダー：25g
卵：50g（1個）
塩：1g
薄力粉：250g

アパレイユ・オ・ノワ・ド・ペカン

カソナード（ブラウンシュガー）：165g
バター：65g
水あめ：200g
卵：200g（4個）
ヴァニラスティック：1本
塩：1g
シナモンパウダー：1g
ピーカンナッツ：150g

ムース・ア・ロランジュ

オレンジ果汁：140g（約2個分）
オレンジの表皮：2個分
グラニュー糖：80g
卵：200g（4個）
ゼラチン：4g
バター：40g

アパレイユ・ア・ボンブ

水：20g
グラニュー糖：80g
卵黄：80g

クレーム・モンテ

生クリーム：150g

デコレーション

ホワイトチョコレート：100g
ピーカンナッツ：8個
グラニュー糖：20g
オレンジ：1個

1　パート・シュクレを作る（P.15参照）。生地を作業する30分前に冷蔵庫から出しておく。オーブンを160℃に温める。台に薄く打ち粉をして（P.284参照）、生地を麺棒で厚さ2mmに伸ばし、生地を軽く持ち上げて全体に空気を通す（P.284参照）。紙を敷いた天板の上に、内側にバターを塗った型をのせ、生地を型に敷き込む。余分な生地を、型の縁に沿ってナイフを入れるか、麺棒を転がすかして切り落とす（P.285参照）。焼成中、生地が浮かないように、生地全体にフォークの先でピケし、重石をのせる（どちらかだけでもよい）（P.284参照）。タルト台をオーブンで15分空焼きする。

2　アパレイユ・オ・ノワ・ド・ペカンを作る。鍋にカソナード、バター、水あめ、ヴァニラスティックをナイフで割き、取り出した種を入れ火にかける。スパチュラで混ぜながら軽く沸騰させる。火からおろし、卵、塩、シナモンを加えて泡立て器で混ぜ合わせる。これを1のタルト台の上に流し、ピーカンナッツを並べる。

オーブンで20〜30分焼く。タルトの底を少し持ち上げて、底面に均一な焼き色がついていたら取り出す。

3　ムース・ア・ロランジュを作る。ゼラチンを冷水で戻す（P.270参照）。オレンジ2個分の表皮をすりおろす。オレンジを揉んで柔らかくして140g分の果汁を搾る。

4　ボウルに卵を入れ泡立て器で軽く混ぜる。鍋にグラニュー糖、オレンジ果汁、すりおろした表皮を入れ軽く沸騰させた後、卵の上に注ぐ。卵に火が通らないように、泡立て器でよく混ぜる。

5　4を鍋に戻し、泡立て器で混ぜながら加熱する。沸騰してきたらすぐに火からおろし、バターと水気を切ったゼラチンを加える。泡立て器で混ぜた後、ハンドブレンダーで2〜3分かく拌する。室温になるまで冷ます。

6　生クリームを泡立て（P.277参照）、冷蔵庫に入れておく。アパレイユ・ア・ボンブを作り（P.58参照）、冷めるまで泡立て器で混ぜる。5のオレンジ・クリームに泡立てた生クリームの1/3を加えて、泡立て器で混ぜる。次に、アパレイユ・ア・ボンブを加えてゴムべらで混ぜた後、残りの生クリームを入れて混ぜ合わせる。型の内側にムースフィルムを貼りつけ、紙を敷いた天板の上にのせる。型の中にムースを流し込み、冷凍庫で3時間以上、できれば翌日まで冷やし固める。

7　型から取り出した6のムースを、2のタルト台の上にのせ、ムースの周りのムースフィルムを外す。

8　ホワイトチョコレートのリボン（長さ40cm）を作る（P.87参照）。まだ柔らかいうちに、オレンジムースの周りに飾りつける。グラニュー糖20gでピーカンナッツのカラメルがけを8個作り、オレンジとともにタルトの上に飾る。

SABLÉ CARAMEL
POMME

サブレ－カラメル・ポム
（リンゴとカラメルのタルト）

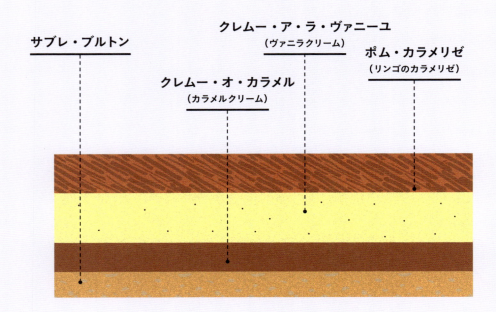

サブレ・ブルトン

クレムー・ア・ラ・ヴァニーユ
（ヴァニラクリーム）

クレムー・オ・カラメル
（カラメルクリーム）

ポム・カラメリゼ
（リンゴのカラメリゼ）

どんなケーキ？
サブレ・ブルトンにカラメルクリームとヴァニラクリームを重ね、リンゴのカラメリゼをのせたタルト。

製作時間
下準備：2時間
焼成：2時間50分〜3時間20分
冷凍：4時間
寝かせ時間：3時間

必要な道具
12×24cm高さ5cm角セルクル型
耐熱性ラップ
こし器
紙（オーブンシート）

ヴァリエーション
アントルメ・エグゾティック：リンゴの代わりにマンゴーを使います。焼成の時間を30分にします。

美しく仕上げるポイント
リンゴのカラメルをよく焼きます。

基本技法
ゼラチンを冷水で戻します（P.270参照）。
カラメル・ア・セック（水なしカラメル）を作ります（P.278参照）。

手順
サブレ・ブルトン ⇒ クレムー・ア・ラ・ヴァニーユ ⇒ クレムー・オ・カラメル ⇒ リンゴのカラメリゼ ⇒ サブレ・ブルトン ⇒ 組み立て

材料（6人分）

1 サブレ・ブルトン

バター：75g
グラニュー糖：70g
卵黄：30g
薄力粉：100g
ベーキングパウダー：2g
塩：2g

2 クレムー・ア・ラ・ヴァニーユ

生クリーム：240g
牛乳：80g
ヴァニラスティック：1本
グラニュー糖：30g
コーンスターチ：10g
卵黄：80g

3 クレムー・オ・カラメル

グラニュー糖：150g
生クリーム：250g
バター：50g
ゼラチン：6g

4 ポム・カラメリゼ

リンゴ：6個
（ロイヤルガラ、ジョナゴールド、紅玉など）
グラニュー糖：200g
バター：50g

1　サブレ・ブルトンを作る。オーブンを170℃に温める。ポマード状のバターに（P.276参照）、グラニュー糖を加え、スパチュラで混ぜてクリーム状にする（P.276参照）。次に卵黄を加えて混ぜる。薄力粉、ベーキングパウダー、塩を加えて、均一になるまで混ぜる。紙を敷いた天板の上に型を置き、生地を入れる。表面を平らに伸ばして、オーブンで20〜30分焼く。

2　オーブンから取り出し数分おいてから、型の内側にナイフを通し、型を外す。生地を幅4cmの長方形にカットする。熱いうちに切るとサブレが崩れにくい。

3　クレムー・ア・ラ・ヴァニーユを作る。オーブンを90℃に温める。型の内側を耐熱用ラップで覆い準備しておく。ボウルに、卵黄とグラニュー糖を入れ白っぽくなるまでしっかり混ぜ、コーンスターチを加えて混ぜる。鍋に生クリーム、牛乳、ヴァニラスティックと中から取り出した種を一緒に入れ泡立て器で混ぜながら火にかける。沸騰してきたらすぐに、泡立てた卵黄の中に、こし器でこしながら注ぎ混ぜ合わせる。準備しておいた型に生地を流す。オーブンで30〜50分間、型を揺らしても動かない固さになるまで焼く。室温で冷ました後、冷凍庫で1時間冷やす。

4　クレムー・オ・カラメルを作る。ゼラチンを冷水で戻す（P.270参照）。カラメル・ソースを作り（P.91参照）、バターと水気を切ったゼラチンを加えて混ぜる。粗熱を取った（30℃以下）クレムー・カラメルを、冷やしておいたクレムー・ア・ラ・ヴァニーユの上に流し、冷凍庫で3時間ほど冷やす。

5　クレムー・カラメルが固まったら、型とラップを取り除き、2の生地と同じサイズにカットする。クレムー・ヴァニーユが上になるように裏返して2の生地にのせる。

6　リンゴをカラメリゼする。オーブンを160℃に温める。リンゴの皮をむき、同じ厚さになるように薄くスライスする。カラメル・ア・セック（P.49参照）と同じ手順でカラメルを作り、熱いうちにバターを入れて混ぜる。半量を型に流し入れて、スライスしたリンゴを並べ、さらに残りのカラメルを流す。オーブンで1時間焼いた後、120℃に下げてさらに1時間焼く。でき上がったリンゴのカラメリゼに紙をのせ、軽い重石（ペットボトルなど）をのせて、最低でも3時間休ませる。

7　6を型から取り出し、波刃ナイフで2と同じサイズにカットして、5の上に重ねる。

ÉCLAIR AU
CHOCOLAT

エクレール・オ・ショコラ
（チョコレート・エクレア）

クレーム・パティシエール・
オ・ショコラ
（チョコレートのカスタードクリーム）

パータ・シュー
（シュー生地）

グラサージュ・
オ・ショコラ
（チョコレートの上がけ）

どんなケーキ？

細長く焼いたシュー生地の中に、チョコレートのクレーム・パティシエール（カスタードクリーム）を入れたエクレア。仕上げに、チョコレートのグラサージュでコーティングします。

製作時間

下準備：45分
焼成：30～45分
冷蔵：2時間

必要な道具

絞り袋3枚
丸口金（12mm）
丸口金（6mm）
紙（オーブンシート）

ヴァリエーション

フォンダンのグラサージュ（光沢が増しますが、風味は弱くなります）：
フォンダン（P.80）：80g＋溶かしたブラックチョコレート：10g

美しく仕上げるポイント

エクレアを焼く時に、オーブンの温度を調節します（オーブンに入れて20分経ったら、焼き具合をチェックします）。エクレアをグラサージュで飾ります。

基本技法

口金付きの絞り袋を使います（P.272参照）。
湯せん鍋を用意します（P.270参照）。
エクレアの表面をグラサージュに漬けます（P.280参照）。

手順

パータ・シュー ⇒ 焼成 ⇒ クレーム・パティシエール・オ・ショコラ ⇒ グラサージュ

材料（15個分）

パータ・シュー

水：100g
牛乳：100g
バター：90g
塩：2g
グラニュー糖：2g
薄力粉：110g
卵：200g（4個）
艶出し用の溶き卵：1個

クレーム・パティシエール・
オ・ショコラ

牛乳：500g
卵黄：100g
グラニュー糖：120g
コーンスターチ：50g
ブラックチョコレート：120g

グラサージュ・オ・ショコラ

ブラックチョコレート：200g
ホワイトチョコレート：50g

1　パータ・シューを作る（P.30参照）。オーブンを230℃に温める。絞り袋（丸口金12mm）に生地を詰めて、紙を敷いた天板、またはフッ素樹脂加工の天板に、長さ15cmのスティック状に絞る。表面に溶き卵を刷毛で塗る。オーブンの温度を170℃に下げ生地を入れる。20分後オーブンをさっと開けて蒸気を外に出す。さらに約25分均一な焼き色がつくまで焼いた後、金網の上で冷ます。

2　クレーム・パティシエール・オ・ショコラを作る。チョコレートを湯せんで溶かす（P.270参照）。クレーム・パティシエールを作り（P.53参照）、火からおろしたら溶かしチョコレートを混ぜ合わせ冷やす。クリームを泡立て器で混ぜ滑らかにし、絞り袋（丸口金6mm）に入れる。1のエクレアの底面に、ナイフの先で穴を3つあけ、その穴からクリームを絞り入れる。手で持ち上げて重さをチェックし、十分な重さになるまで入れる。

3　グラサージュ・オ・ショコラを作る。ブラックチョコレートを湯せんで溶かす。エクレアの表面を漬けて、余分なチョコレートを落とし、グラサージュの縁の部分を指でぬぐう。ホワイトチョコレートを湯せんで溶かし、絞り袋に入れる。その先端をカットして、エクレアの上面全体に、白い斜線を入れる。冷蔵庫で2時間冷やす。

RELIGIEUSE AU CAFÉ

ルリジューズ・オ・カフェ（コーヒークリームのシューケーキ）

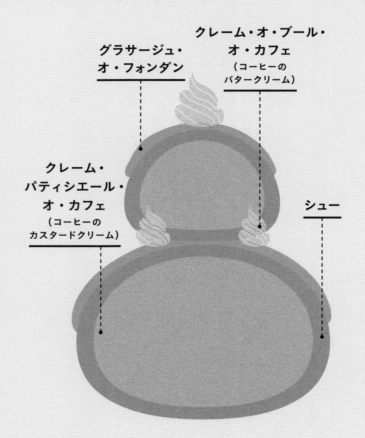

グラサージュ・オ・フォンダン

クレーム・オ・ブール・オ・カフェ（コーヒーのバタークリーム）

クレーム・パティシエール・オ・カフェ（コーヒーのカスタードクリーム）

シュー

どんなケーキ？

大きいシューの上に小さいシューを重ねた「修道女」という名のケーキ。シューの中に、コーヒーのカスタードクリームを詰め、コーヒーのバタークリームとフォンダンのグラサージュ（砂糖衣）で飾りつけます。

製作時間

下準備：45分
焼成：35〜40分
冷蔵：2時間

必要な道具

絞り袋：3枚、丸口金（12mm）
丸口金（6mm）、星口金（6mm）
3cmと8cmのシリコンドーム型
温度計
紙（オーブンシート）

ヴァリエーション

クラシックなグラサージュ：熱いフォンダンにシューを漬けて、余分なフォンダンを指でぬぐい取ります。
チョコレートのルリジューズ：クレーム・パティシエールにチョコレート200g、フォンダンにココア30gを加えます。

基本技法

口金付きの絞り袋を使います（P.272参照）。
コーヒーをローストします（P.281参照）。
パータ・シュー（シュー生地）を絞ります（P.282参照）。

パティシエの技

フォンダンに水あめを加えて加熱すると、フォンダンがより熱くなり、かけやすくなります。

手順

クレーム・パティシエール⇒パータ・シュー⇒焼成⇒グラサージュ⇒クレーム・オ・ブール

材料（12個分）

1 パータ・シュー

水：100g
牛乳：100g
バター：90g
塩：2g
グラニュー糖：2g
薄力粉：110g
卵：200g（4個）
艶出し用の溶き卵：1個

2 クレーム・パティシエール・オ・カフェ

牛乳：500g
卵黄：100g
グラニュー糖：120g
コーンスターチ：50g
挽いたコーヒー：100g
バター：50g

3 クレーム・オ・ブール・オ・カフェ

卵：100g（2個）
水：40g
グラニュー糖：130g
バター：200g
コーヒー・エッセンス：15g

4 フォンダン

フォンダン：400g
コーヒー・エッセンス：10g
水あめ：30g

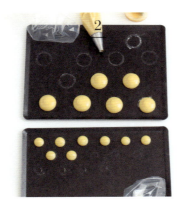

1　クレーム・パティシエール・オ・カフェを作る。コーヒーを天板にのせ、160℃のオーブンに入れて15分ほどローストする（P.281参照）。鍋に牛乳を入れ沸騰直前まで温め、ローストしたコーヒーを加え、フタをして30分間コーヒーの香りを移す。こし器でこして、量が減っていたら500gになるよう牛乳を足す。クレーム・パティシエール（P.53参照）と同じ手順で作る。

2　パータ・シューを作る（P.30参照）。オーブンを230℃に温める。絞り袋（丸口金12mm）に生地を詰めて、紙を敷いた天板、またはフッ素樹脂加工の天板に、直径4cm高さ2cmのシューを12個絞る。別の天板に、直径1.5cm高さ1cmのシューを12個絞る。表面に溶き卵を刷毛で塗る。オーブンの温度を170℃に下げ、生地を入れる。20分後オーブンをさっと開けて蒸気を外に出しすぐに閉める。焼き色がついた小さいほうのシューを先に取り出す。

3　ナイフの先でシューの底面に小さな穴をあける。絞り袋（丸口金6mm）に詰めた1のクレームを、シューの中に絞り入れる（P.282参照）。

4　鍋にフォンダンとコーヒー・エッセンス、水あめを入れて、スパチュラで絶えずかき混ぜながら、35℃になるまで温める。

5　4を絞り袋に入れ、その先端をカットする（P.272参照）。シリコンドーム型の大きい型には直径2cm、小さい型には直径1cmになるようフォンダンを絞り出す。フォンダンの入ったドーム型に大小のシューをそれぞれ逆さにして入れ軽く押す。

6　クレーム・オ・ブール・オ・カフェを作る（P.55参照）。絞り袋（星口金6mm）に詰める。

7　小さいシューを大きいシューの上にのせ、その継目の周りに、6のクレームを星形に絞る。同じクリームで、頂上に、小さなバラ模様を描く。冷蔵庫で2時間ほど冷やす。

CHOU CROQUANT À LA
PISTACHE

シュー・クロカン・ア・ラ・ピスターシュ
（ピスタチオのクリスピー・シュークリーム）

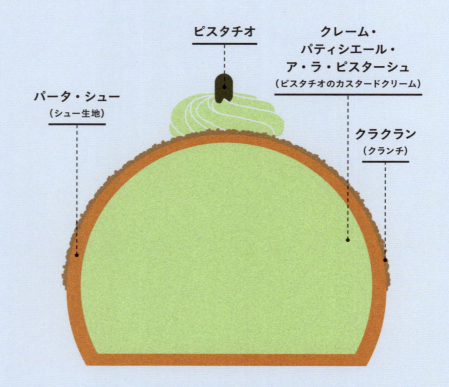

- パータ・シュー（シュー生地）
- ピスタチオ
- クレーム・パティシエール・ア・ラ・ピスターシュ（ピスタチオのカスタードクリーム）
- クラクラン（クランチ）

どんなケーキ？
ピスタチオクリームを詰めて、表面をカリカリのクランチで覆ったシュー菓子。仕上げにピスタチオクリームをトッピングします。

製作時間
下準備：45分
焼成：40分
冷蔵：3時間

必要な道具
直径3cm抜き型
絞り袋：3枚、丸口金（10mm）
丸口金（6mm）、星口金（8mm）
紙（オーブンシート）

美しく仕上げるポイント
ふんわりと焼き上がる生地を作ります。生地を焼く温度を調節します（P.282参照）。

基本技法
口金付きの絞り袋を使います（P.272参照）。表面の艶出しのために、溶き卵を塗ります（P.270参照）。

パティシエの技
クラクラン（クランチ）で表面を覆うと、カリカリとした食感が楽しめて、シューの形がきれいに整います。

手順
クラクラン ⇒ クレーム・パティシエール ⇒ パータ・シュー ⇒ 焼成 ⇒ 組み立て

材料（20～25個分）

パータ・シュー

水：100g
牛乳：100g
バター：90g
塩：2g
グラニュー糖：2g
薄力粉：110g
卵：200g（4個）
艶出し用の溶き卵：1個

クラクラン

ポマード状のバター：35g
カソナード（ブラウンシュガー）：45g
薄力粉：45g

クレーム・パティシエール・
ア・ラ・ピスターシュ

牛乳：1ℓ
卵黄：200g
グラニュー糖：240g
コーンスターチ：100g
バター：125g
ピスタチオ・ペースト：40g

デコレーション

無塩のピスタチオ：50g

1　クラクランを作る。ボウルにバター、カソナード、薄力粉を入れ、スパチュラで混ぜ合わせる。2枚の紙で挟み、麺棒で厚さ2mmになるまで伸ばし、冷蔵庫に入れておく。

2　クレーム・パティシエールを作る（P.53参照）。火からおろしたら、ピスタチオ・ペーストを加え、泡立て器で混ぜる。表面にぴったりとラップをかけて冷蔵庫で休ませる。

3　パータ・シューを作る（P.30参照）。絞り袋（丸口金10mm）に入れて、紙を敷いた天板の上に、間隔を十分にあけながら、直径4cmのシューを20～25個絞る（P.282参照）。表面に溶き卵を刷毛で塗る。

4　クラクランを冷蔵庫から出して紙をはがす。裏返してもう1枚の紙をはがす。直径3cmの抜き型で円形にくり抜き、3の生地の上に1枚ずつのせる。

5　オーブンを230℃に温めた後、170℃に下げ、生地を入れる。20分後オーブンをさっと開けて蒸気を外に出す。さらに約20分均一な焼き色がつくまで焼いた後、金網の上で冷ます。

6　星口金でシューの底面に小さな穴をあける。2のクレーム・パティシエールを泡立て器で滑らかにする。デコレーション用に1/3を残しておく。絞り袋（丸口金6mm）に詰めシューの中に絞り入れる（P.282参照）。残しておいたクレーム・パティシエールを星口金をつけた絞り袋に詰めシューの頂上にバラ模様を描くように絞る。その上にピスタチオを1つ飾る。

PARIS-BREST

パリ-ブレスト

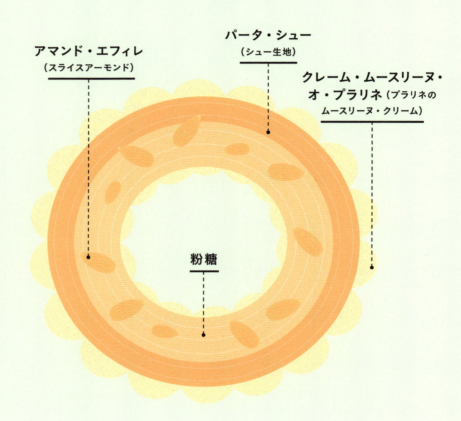

アマンド・エフィレ
(スライスアーモンド)

パータ・シュー
(シュー生地)

クレーム・ムースリーヌ・
オ・プラリネ (プラリネの
ムースリーヌ・クリーム)

粉糖

どんなケーキ？

シュー生地に、スライスアーモンドを散らして焼き、プラリネのムースリーヌ・クリームを挟んだケーキ。

製作時間

下準備：45分
焼成：40分

必要な道具

絞り袋
丸口金 (10mm)
波刃ナイフ
紙 (オーブンシート)

ヴァリエーション

クラシックスタイル：シュー生地を細長く円形に絞り、王冠状にします (パリ-ブレスト間の自転車競技の記念に考案されたケーキであるため、自転車の車輪を連想させる形になっています)。

美しく仕上げるポイント

ふんわりと焼き上がる生地を作ります。
生地を焼く温度を調節します (P.282参照)。

手順

パータ・シュー ⇒ クリーム・ムースリーヌ
⇒ 組み立て ⇒ デコレーション

基本技法

口金付きの絞り袋を使います
(P.272参照)。
パータ・シュー (シュー生地) を絞ります (P.282参照)。
表面の艶出しのために、溶き卵を塗ります (P.270参照)。

材料 (12個分)

パータ・シュー

水：100g
牛乳：100g
バター：90g
塩：2g
グラニュー糖：2g

薄力粉：110g
卵：200g（4個）
艶出し用の溶き卵：1個

クレーム・ムースリーヌ

牛乳：500g
卵黄：100g
グラニュー糖：120g
コーンスターチ：50g
バター：120g
プラリネ：160g
ポマード状のバター（120g）

デコレーション

粉糖
スライスアーモンド：適量

1　パータ・シューを作る（P.30参照）。オーブンを230℃に温める。口金を付けた絞り袋に生地を詰めて、紙を敷いた天板、またはフッ素樹脂加工の天板に、小さな丸いシューを6個、数珠つなぎに絞り棒状にする。それを12個作る。表面に溶き卵を刷毛で塗り、スライスアーモンドを散らす。

2　オーブンの温度を170℃に下げて生地を入れる。20分後オーブンをさっと開けて蒸気を外に出す。さらに20分均一な焼き色がつくまで焼いた後、金網の上で冷ます。

3　クレーム・ムースリーヌを作る（P.57参照）。クレーム・パティシエールを滑らかにしプラリネを加えて混ぜ、ポマード状にしたバターを加えてよく混ぜ合わせる。

4　シュー生地を、波形ナイフで横半分に切る。3のクレーム・ムースリーヌを泡立て器で滑らかにし、口金をつけた絞り袋に詰める。カットした下半分の生地の上に、小さなドームを6つ絞る。上半分の生地を重ねる。食べる直前に粉糖を振る。

SAINT-HONORÉ

サントノーレ

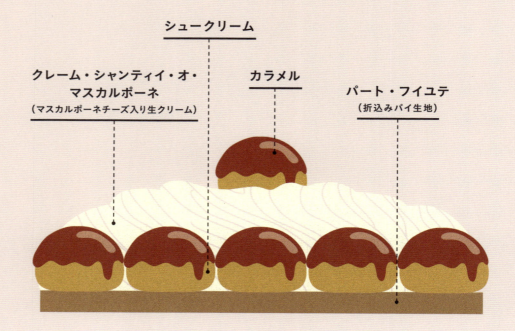

シュークリーム

クレーム・シャンティイ・オ・マスカルポーネ
（マスカルポーネチーズ入り生クリーム）

カラメル

パート・フイユテ
（折込みパイ生地）

どんなケーキ？
パート・フイユテ（折込みパイ生地）に、カスタードクリームを詰めた小さなシューをのせ、シャンティイで飾りつけたケーキ。

製作時間
下準備：1時間
焼成：60～70分
冷蔵：3時間

必要な道具
絞り袋：4枚
丸口金（6mm）
丸口金（8mm）
丸口金（10mm）

サントノーレ口金
直径24cmセルクル型
泡立て器付きの卓上ミキサーまたはハンドミキサー
紙（オーブンシート）

ヴァリエーション
クラシックなデコレーション：シャンティイを波形に絞ります（P.273参照）。
四角形のサントノーレ：パート・フイユテ（折込みパイ生地）を四角形にカットして、長辺の縁にシュークリームを並べます。その内側に、シャンティイを波形に絞ります。
クラシックスタイル：シャンティイではなく、クレーム・シブースト（P.66参照）を使います。

美しく仕上げるポイント
クリームをきれいに絞ります。
シュー生地を焼く温度を調節します（P.282参照）。

基本技法
口金付きの絞り袋を使います（P.272参照）。
シュー生地を焼く温度を調節します（P.282参照）。
表面の艶出しに、溶き卵を塗ります（P.270参照）。
サントノーレ口金でクリームを飾ります（P.73参照）。
カラメルを作ります（P.48参照）。
シューをコーティングします（P.282参照）。

手順
パート・フイユテ⇒パータ・シュー⇒絞り出し⇒焼成⇒クリーム・パティシエール／カラメル⇒組み立て⇒シャンティイ・マスカルポーネ⇒デコレーション

材料（8人分）

1 パート・フイユテ
（折込みパイ生地）

薄力粉：125g
強力粉：125g
水：100g
酢：10g
塩：5g
溶かしバター：30g
バター：150g

2 パータ・シュー

水：100g
牛乳：100g
バター：90g
塩：2g
グラニュー糖：2g
薄力粉：100g
卵：200g（4個）
艶出し用の溶き卵：1個

3 クレーム・
パティシエール

牛乳：250g
卵黄：50g
グラニュー糖：60g
コーンスターチ：25g
バター：60g

4 カラメル

水：100g
グラニュー糖：350g
水あめ：70g

5 クレーム・シャンティイ・
オ・マスカルポーネ

生クリーム：150g
マスカルポーネチーズ：150g
粉糖：40g
ヴァニラスティック：1本

1　パート・フイユテを作り（P.18参照）、麺棒で厚さ2mmになるまで伸ばす。紙を敷いた天板にのせて、冷蔵庫で30分寝かせる。生地全体にフォークの先でピケし、直径24cmの型で円形にカットする。

2　パータ・シューを作る（P.30参照）、オーブンを230℃に温める。絞り袋（丸口金8mm）に生地を詰めて、紙を敷いた天板、またはフッ素樹脂加工の天板に、直径2cmの丸いシューを20個絞る。表面に溶き卵を刷毛で塗る。オーブンの温度を170℃に下げ生地を入れる。20分後オーブンをさっと開けて蒸気を外に出す。さらに20分均一な焼き色がつくまで焼いた後、金網の上で冷ます。

3　残りのパータ・シューを絞り袋（丸口金10mm）に詰める。1のパート・フイユテを冷蔵庫から取り出し、その外周から1cm内側に、1周絞る。次にその内側に中央から外側へ渦巻き状に絞る。その表面に溶き卵を刷毛で塗る。170℃のオーブンに入れて、20〜30分焼く。底面に均一な焼き色がついたら取り出す。

4　クレーム・パティシエールを作る（P.53参照）。冷ましてから、泡立て器で混ぜ滑らかにする。絞り袋（丸口金6mm）で、2のシューの中に絞り入れる（P.282参照）。

5　カラメルを作る（P.49参照）。色がまだ薄いうちに火を止める。軽く粘度が出るまで冷まし、その中に4のシュー上部をくぐらせてカラメルをつけ、そのまま固める。途中でカラメルの温度が下がって固くなり作業しづらくなったら、色づきすぎないよう温め直す。

6　4のシューの底にカラメルを少しつけて、3の生地の外周に貼りつけて、そのままカラメルを固める。

7　クレーム・シャンティイ・オ・マスカルポーネを作る。ミキサーのボウルにマスカルポーネチーズ、粉糖、ヴァニラスティックの種、生クリーム50gを入れる。ミキサーで優しく混ぜ、残りの生クリームを少量ずつ加える。均一に混ざったら、ミキサーの速度を上げて泡立てる。でき上がったシャンティイを3の中央にパレットナイフで薄く塗り広げる。残りのシャンティイを、サントノーレ口金を付けた絞り袋に詰めて、中央に大きなバラ模様を描くように絞り、デコレーションを仕上げる（P.273参照）。

PIÉCE MONTÉE

ピエス・モンテ（シュークリームのウェディングケーキ）

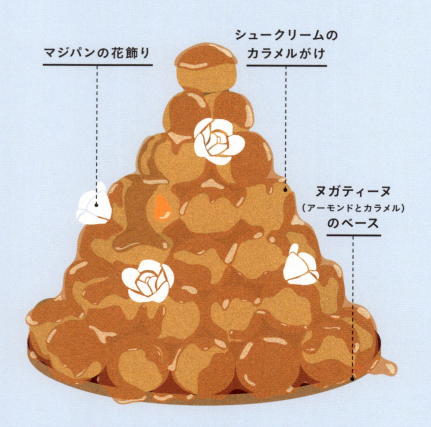

マジパンの花飾り

シュークリームのカラメルがけ

ヌガティーヌ（アーモンドとカラメル）のベース

どんなケーキ？

ヌガティーヌの台の上に、カスタードクリームを詰めた小さなシューを円錐状に積み上げた飾り菓子。フランスではウェディングケーキとして使われます。

製作時間

下準備：3時間
焼成：55分～1時間

必要な道具

絞り袋：2枚
丸口金（8mm）
丸口金（6mm）
直径18cm セルクル型
直径7cm 丸セルクル型
（またはヌガティーヌ用の抜き型）
麺棒
（またはヌガティーヌ用の麺棒）
紙（オーブンシート）

ヴァリエーション

カラメルの代わりに、フォンダンでコーティングします。

美しく仕上げるポイント

シュークリームを円錐状に積み上げます。生地を焼く温度を調節します（P.282参照）。

基本技法

口金付きの絞り袋を使います（P.272参照）。
表面の艶出しのために溶き卵を塗ります（P.270参照）。
シュー生地を丸く絞ります（P.282参照）。
カラメルを作ります（P.49参照）。

手順

クレーム・パティシエール ⇒ パータ・シュー ⇒ ヌガティーヌ ⇒ シュークリーム／カラメル・コーティング ⇒ 組み立て ⇒ デコレーション

材料（15人分）

1 パータ・シュー

水：250g
牛乳：250g
バター：225g
塩：3g
グラニュー糖：3g
薄力粉：275g
卵：500g（10個）
艶出し用の溶き卵：1個

2 カラメル

水：250g
グラニュー糖：1kg
水あめ：200g

3 クレーム・パティシエール

牛乳：750g
ヴァニラスティック：2本
卵黄：150g
グラニュー糖：180g
コーンスターチ：75g
バター：150g

4 グラース・ロワイヤル（アイシング）

粉糖：150g
卵白：15g
レモン汁：5g

5 ヌガティーヌ

アーモンドダイス：250g
フォンダン：300g
水あめ：250g

1　パータ・シューを作る (P.30参照)。オーブンを230℃に温める。絞り袋 (丸口金8mm) に生地を詰めて、直径2cmのシューを絞る。シューの表面に溶き卵を刷毛で塗る。オーブンの温度を170℃に下げて、生地を入れる。20分後オーブンをさっと開けて蒸気を外に出す。さらに20分焼き色がつくまで焼いた後、金網の上で冷ます。

2　クレーム・パティシエールを作る (P.53参照)。表面にぴったりとラップをかけ冷蔵庫で冷やす。

3　ヌガティーヌを作る (P.51参照)。台に油を薄く伸ばし、その上にヌガティーヌを流して、パレットナイフで端の部分を中央に戻しながら、全体の温度が均一になるように混ぜ合わせる。表面に油を塗った麺棒で、ヌガティーヌを3〜4mmの厚さに伸ばして、直径18cmの型で円形にくり抜く。ヌガティーヌが固すぎる時は、型の上を鍋で叩いてカットする。

4　直径7cmの型を使ってヌガティーヌを三日月形にくり抜き、室温で冷ます。

5　2のクレーム・パティシエールを泡立て器で混ぜ滑らかにし、絞り袋 (丸口金6mm) に入れる。1のシューの底面に、ナイフの先で穴をあけ、その穴からクリームを絞り入れる。カラメルを作り (P.49参照)、色がまだ薄いうちに火を止める。軽く粘度が出るまで冷まし、その中にシューの上部をくぐらせて、カラメルをつけそのまま固める。

6　シューを組み立てていく。直径18cmの型の内側にバターを薄く塗り紙の上に置く。シューの側面と底部をカラメルに浸して、シューの膨らんだ面を横向きにして積み上げていく。一番下の段は13個のシューを型に沿って並べ、その上の段は半分ずらして12個、というように段々と重ねていく。円錐状になるように、シューを少し斜めに傾けながら組み立てる。途中でカラメルの温度が下がって固くなり、作業しづらくなったら、色づきすぎないよう温め直す。頂上まで組み立てたら、セルクル型を抜き取る。

7　型の中に3のヌガティーヌを置き、その周囲に、4の三日月形のヌガティーヌを、器を作るように斜めにして、カラメルで貼りつける。

8　7の上に、カラメルをレードルで糸状に垂らし、6のシューの塔をのせて貼りつける。

9　グラース・ロワイヤルを作る (P.81参照)。コルネまたは口金付きの絞り袋に入れて、三日月形のヌガティーヌの縁に、真珠飾りのようにデコレーションをする。

デコレーション

マジパンで作った小さな花 (P.82参照) を飾る。

190

BRIOCHE

ブリオッシュ

ブリオッシュ・ア・テット
(頭つきのブリオッシュ)

ブリオッシュ・トレセ
(編み込みブリオッシュ)

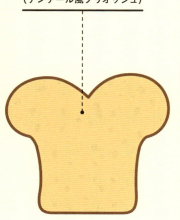

ブリオッシュ・ナンテール
(ナンテール風ブリオッシュ)

どんなパン？

発酵生地で作る、ふんわりと軽やかなヴィエノワズリ(菓子パン)。

製作時間

下準備：1時間
発酵：1時間30分〜2時間
焼成：約30分
冷却：12〜45分

必要な道具

ブリオッシュ・ナンテール：
ブリオッシュ用の長方形の型
(パウンドケーキ型)
ブリオッシュ・ア・テット：
ブリオッシュ型
紙(オーブンシート)

ヴァリエーション

ヴァニラ風味のブリオッシュ：ヴァニラエッセンス15gを生地に混ぜ込みます。
柑橘類の香りのブリオッシュ：柑橘類の表皮をすりおろし、生地に混ぜ込みます。

基本技法

生地を転がして球状にします(P.284参照)。
発酵して膨らんだ生地を押えてガスを抜きます(P.284参照)。
生地表面の艶出しのために、溶き卵を塗ります(P.270参照)。

手順

生地⇒発酵⇒成形⇒発酵⇒焼成

材料

(ブリオッシュ・ナンテール1個分／ブリオッシュ・トレセ1個分／ブリオッシュ・ア・テット2個分)

パータ・ブリオッシュ

新鮮な生イースト：20g
フランスパン粉または強力粉：400g
塩：10g
グラニュー糖：40g
卵：250g バター：200g

デコレーション

パールシュガー＋溶き卵1個

1 ブリオッシュ・トレセ

発酵した生地を冷蔵庫から取り出して、手で押してガス抜きをする（P.28+参照）。3等分（各220g）にした生地を転がして球状にした後（P.28+参照）、両手で棒状に伸ばす。3本の生地を三つ編みにする。生地の中心から下へ向かって編んでから、中央から上へ向かって編むとよい。紙を敷いた天板にのせる。30℃のオーブンまたは30℃くらいの暖かい所で、1時間30分～2時間ほど、2倍に膨らむまで発酵させる。

2 ブリオッシュ・ア・テット

発酵した生地を冷蔵庫から取り出して、手で押してガス抜きをする。2等分（各360g）にして、生地を転がして球状にする。丸めた生地の下から2/3のあたりに、手刀でくびれを作り、上の1/3が頭の形になるように整える。胴体部分を型に入れ、頭部を胴体部に嵌めるように、人差し指で軽く押し込む。30℃のオーブンまたは30℃くらいの暖かい所で、約1時間30分～2時間ほど、2倍に膨らむまで発酵させる。

3 ブリオッシュ・ナンテール

発酵した生地を冷蔵庫から取り出して、手で押してガス抜きをする。3等分（各220g）にした生地を手で転がして球状にする。パウンドケーキ型の内側に紙を敷き込み、その中に3つの球を並べる。30℃のオーブンまたは30℃くらいの暖かい所で、1時間30分～2時間ほど、2倍に膨らむまで発酵させる。生地上面の真ん中に、ハサミで縦方向に切り込みを入れて、パールシュガーをちりばめる。

焼成

オーブンを200℃に温める。生地表面に溶き卵を刷毛で塗り、30分ほど焼く。オーブンから出して、型から抜き取り、大きさや形に応じて12～45分、金網の上で冷ます。

BABA AU RHUM

ババ・オ・ラム（ラム酒風味のババケーキ）

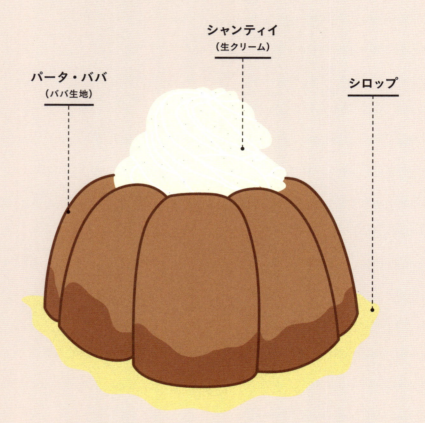

パータ・ババ
（ババ生地）

シャンティイ
（生クリーム）

シロップ

どんなお菓子？
発酵生地を焼き、乾燥させた後、ラム酒やスパイスなどで香りづけしたシロップを浸み込ませます。

製作時間
下準備：20分
生地：30〜45分
発酵：1時間30分〜2時間
焼成：30分〜1時間
寝かせ時間：1時間〜3日

必要な道具
22cm ババ型（クグロフ型）
絞り袋
大ボウルまたは大鍋
ボウルより小さい円形の金網
料理用の紐

ヴァリエーション
クラシックスタイル：生地をこね終えたら、レーズン50gを加えます。ラム酒入りシロップを浸み込ませます。
クラシックなフォーム：コルク栓形（50gのババ10個）、サヴァラン型

美しく仕上げるポイント
温かいシロップを生地にまんべんなく浸み込ませます。
シロップからババを取り出す時、型崩れしないように、やさしく手で押さえます。

基本技法
シロップを作ります（P.278参照）。

手順
パータ・ババ⇒シロップ⇒浸漬⇒シャンティイ

パティシエの技

※シロップをよく浸み込ませる方法
温かいシロップを入れた深皿の中にババを入れ、深皿の上に天板などでフタをしてババを蒸らします。
15分たったらフタをとり、ババをひっくり返します。
なお、焼き上げたババを2～3日置いて少し固くすると、シロップがよく浸み込みます。

材料（8人分）

1 パータ・ババ

生イースト：15g
フランスパン粉または
強力粉：250g
卵：100g
塩：5g
グラニュー糖：15g
牛乳：130g
バター：75g

2 シロップ

水：750g
グラニュー糖：350g
カルダモンの種：3個
スターアニス：1個
シナモンスティック：1/2本
ラム：40g（好みに応じて）

3 シャンティイ

生クリーム：250g
粉糖：40g
ヴァニラスティック：1本

1　パータ・ババを作る（P.23参照）。型の内側にバターを塗り、生地を絞り袋に入れて先端を切り、型に絞り出す。

2　生地を30℃のオーブンまたは30℃くらいの暖かい所で、1時間30分～2時間ほど、2倍に膨らむまで発酵させる。

3　シロップを作る。鍋に水、グラニュー糖、スパイスを入れて、軽く沸騰させる。火からおろしたらラム酒を加える。シロップに香りが浸み込むように、鍋にフタをして蒸らし、冷ます。

4　ババを焼く。オーブンを160℃に温める。オーブンで30～50分焼いた後、型から取り出す。火を止めたオーブンにババを戻し入れ、15分ほど乾燥させ、完全に冷ます。ババが固くなるまで、3日ほど待ってもよい。

5　シロップをほどよく温めて、こし器でこし（P.270参照）、ボウルまたは大鍋に入れる。ひとまわり小さい金網の端に4本の紐を結ぶ。金網の上にババをのせて、シロップの中に浸す（P.278参照）。こうすると、ババを崩さず、シロップから引き上げることができる。シロップが冷めたら温め直す。ババにシロップがたっぷり浸み込んで、柔らかくなるまで待つ。

6　形が崩れないように、ババを優しく押さえながら、シロップから引き上げる。金網に1分ほど置いて、余分なシロップを落とす。

デコレーション

ヴァニラスティック1本分の種を加えてシャンティイを作る（P.63参照）。頂上に、シャンティイをバラ模様に絞る。

TARTE
AU SUCRE

タルト・オ・シュクル
(砂糖のタルト)

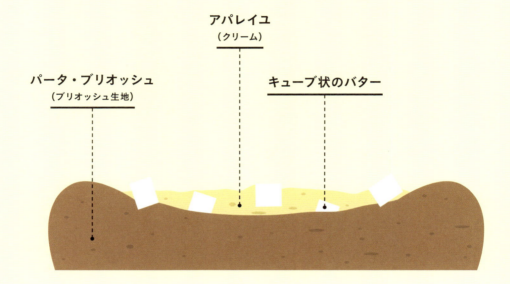

アパレイユ
(クリーム)

パータ・ブリオッシュ
(ブリオッシュ生地)

キューブ状のバター

どんなお菓子？
ブリオッシュ生地に、砂糖と生クリームで作ったアパレイユを流して焼いたタルト。

製作時間
下準備：45分
発酵：1時間30分～2時間
焼成：20～30分

必要な道具
直径24cmマンケ型
紙（オーブンシート）

ヴァリエーション
オレンジの花や柑橘類の表皮で香りづけしたタルト。

美しく仕上げるポイント
生地を十分に発酵させます。

手順
生地⇒成形⇒発酵⇒アパレイユ⇒焼成

材料（8人分）

パータ・ブリオッシュ
（ブリオッシュ生地）

新鮮な生イースト：5g
フランスパン粉または強力粉：100g
塩：3g
グラニュー糖：10g
卵：65g
バター：50g

アパレイユ

カソナード（ブラウンシュガー）：60g
生クリーム：30g
バター：60g
卵黄：20g

1　パータ・ブリオッシュを作る（P.21参照）。生地を冷蔵庫から出し、手で押してガス抜きをする（P.284参照）。紙を敷いたマンケ型に生地を入れ、型の底全体に行き渡るように、生地を手のひらで押して平らにする。30℃のオーブンまたは30℃くらいの暖かい所で、1時間30分～2時間ほど、2倍に膨らむまで発酵させる。

2　オーブンを180℃に温める。生地全体に、フォークの先でピケする。その上に、カソナードを振りかける。生クリームと卵黄を泡立て器で混ぜ、生地の上に流し入れ、角切りバターを散らす。オーブンで20～30分間焼き、冷ましてから型から取り出す。

TROPÉZIENNE

トロペジェンヌ

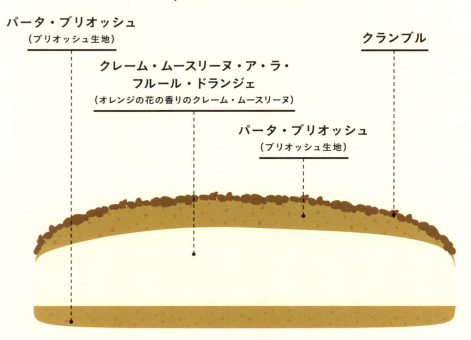

パータ・ブリオッシュ
（ブリオッシュ生地）

クレーム・ムースリーヌ・ア・ラ・フルール・ドランジェ
（オレンジの花の香りのクレーム・ムースリーヌ）

パータ・ブリオッシュ
（ブリオッシュ生地）

クランブル

どんなお菓子？

南仏の町、サントロペの伝統菓子。オレンジフラワー・ウォーターで香りづけしたクレーム・ムースリーヌを、ブリオッシュで挟んだタルト。仕上げにブラウンシュガーのクランブルで覆います。

製作時間

下準備：1時間
発酵：1時間30分～2時間
焼成：15分～20分
冷蔵：2時間

必要な道具

直径24cmマンケ型
または直径24cmセルクル型
絞り袋、丸口金（14mm）
波刃ナイフ
紙（オーブンシート）

ヴァリエーション

ヴァニラ風味のトロペジェンヌ：オレンジフラワーウォーターの代わりに、ヴァニラスティック1本を加えます。

美しく仕上げるポイント

生地を丁寧に伸ばします。

基本技法

口金付きの絞り袋を使います（P.272参照）。
粉とバターを指や手のひらですり合わせて粒状にします（P.284参照）。
発酵した生地を手で押して、ガス抜きをします（P.284参照）。
生地表面の艶出しのために、溶き卵を塗ります（P.270参照）。

パティシエの技

生地を十分に寝かせると、麺棒で伸ばしやすくなります。

手順

パータ・ブリオッシュ ⇒ クレーム・ムースリーヌ ⇒ クランブル ⇒ 成形 ⇒ 発酵 ⇒ 焼成 ⇒ 組み立て

材料（8人分）

パータ・ブリオッシュ

生イースト：10g
フランスパン粉または強力粉：200g
塩：5g
グラニュー糖：20g
卵：125g
バター：100g

クレーム・ムースリーヌ

牛乳：500g
卵黄：100g
グラニュー糖：120g
コーンスターチ：50g
バター：125g
オレンジフラワー・ウォーター：30g
ポマード状のバター：125g

表面の艶出し

溶き卵：1個

クランブル

薄力粉：40g
カソナード（ブラウンシュガー）：40g
アーモンドパウダー：40g
バター：40g

1　パータ・ブリオッシュを作る（P.21参照）。クレーム・ムースリーヌを作る（P.57参照）。クリームが温かいうちに、オレンジフラワー・ウォーターを加える。

2　クランブルを作る。アーモンドパウダー、カソナード、薄力粉、バターを指ですり合わす。粒状になったら冷蔵庫に入れておく。

3　パータ・ブリオッシュを冷蔵庫から取り出して、手で押してガス抜きをする（P.284参照）。紙を敷いた天板の上にのせ、手のひらで型に敷き込む。30℃のオーブンまたは30℃くらいの暖かい所で、1時間30分〜2時間、2倍に膨らむまで発酵させる。

4　オーブンを180℃に温める。3の表面に、溶き卵を刷毛で塗り、10分待ってもう一度塗る。クランブルを表面に振りかけて、オーブンで15〜25分焼く。金網の上に取り出して冷ます。

5　1のクリームを仕上げて（P.57参照）、丸口金をつけた絞り袋に詰める。ブリオッシュを波刃ナイフで2枚にスライスする。

6　下のブリオッシュの表面に、クリームを中心から外側へと、渦巻き状に絞り出す（P.273参照）。その上に、もう一枚のブリオッシュをのせて、冷蔵庫で2時間冷やす。食べる30分前に冷蔵庫から出す。

PAINS AU CHOCOLAT &
CROISSANTS

パン・オ・ショコラ＆クロワッサン

どんなパン？

パート・フイユテ・ルヴェ（発酵させた
折込みパイ生地／クロワッサン生地）
で作るヴィエノワズリ（菓子パン）。種
類によって中身と巻き方が異なり、パ
ン・オ・ショコラは、棒チョコレート
を入れて、生地を巻きます。

製作時間

下準備：1時間
発酵：1時間30分～2時間
焼成：12～25分
寝かせ時間：12時間

美しく仕上げるポイント

生地の巻き方に気をつけます。きつ
く巻きすぎると、生地が薄層状にな
りません。緩く巻きすぎると、焼成
時に巻きが解けてしまいます。

必要な道具

麺棒
紙（オーブンシート）

基本技法

生地を3つ折りにします（P.16参照）。
伸ばした生地全体に空気を通します
（P.284参照）。
表面の艶出しのために、溶き卵を塗り
ます（P.270参照）。

ヴァリエーション

クロワッサン・オ・ザマンド：
水150mℓと砂糖50gでシロップを
作ります。クレーム・ダマンドを作り
ます（P.64参照）。クロワッサンをシ
ロップにしっかり浸し、2枚にスライ
スして、クレーム・ダマンドを挟み
ます。スライスアーモンドを上面に
ちりばめ、200℃のオーブンに数分
間入れて軽く焼き色をつけます。

手順

パータ・クロワッサン⇒折り込み⇒
成形⇒発酵⇒焼成

材料
（クロワッサンまたは
パン・オ・ショコラ15個分）

パート・フイユテ・ルヴェ
（パータ・クロワッサン）

フランスパン粉または強力粉：250g
生イースト：8g
水：60g
牛乳：60g
卵：25g
塩：5g
グラニュー糖：30g

折込み用のバター

ブール・セック
（冬季生産のバター／P.276）：125g
※通常の食塩不使用バターで代用可

パン・オ・ショコラ用の
チョコレート

バトンショコラ：30本

表面の艶出し

溶き卵：1個

1 パータ・クロワッサンを作る（P.25参照）。生地を作業する30分前に冷蔵庫から取り出す。形が崩れないように、生地を回しながら麺棒で伸ばし、厚さ2mmの長方形にする。生地を軽く持ち上げて、全体に空気を通す（P.284参照）。まだ厚すぎるようであればもう一度伸ばす。

2 クロワッサンの場合は、ナイフで生地を幅15cmの帯状に切り分ける。さらに、底辺が12cmの二等辺三角形にカットする。底辺の中央に1cmほどの切り込みを入れる。切り込み部分を軽く左右に広げ、きつくならないように、くるくると巻いていく。三角形の先端3cmの部分を軽く引っ張りながら、最後まで巻き上げる。

3 パン・オ・ショコラを作る場合は、生地を幅8cm×12cmに切り分ける。できた長方形の生地の端から3cmのところに、バトンショコラ1本を置き、その上に生地を折り込む。折った生地の端に2本目のバトンショコラを置き、生地を折込み、巻いていく。巻き終わりの部分を下側にして、最後の合わせ目が中央にくるようにする。

4 紙を敷いた天板の上に、2または3を5cm間隔で並べる。30℃のオーブンまたは30℃くらいの暖かい所で、2倍に膨らむまで発酵させる（1時間30分～2時間）。

5 オーブンを190℃に温める。4の表面に溶き卵を刷毛で塗り、10分待ってからもう一度塗る。菓子パンの種類とサイズに合わせて、オーブンで15～25分ほど焼く。

TARTE FINE
AUX POMMES

タルト・フィーヌ・オ・ポム（リンゴのタルト）

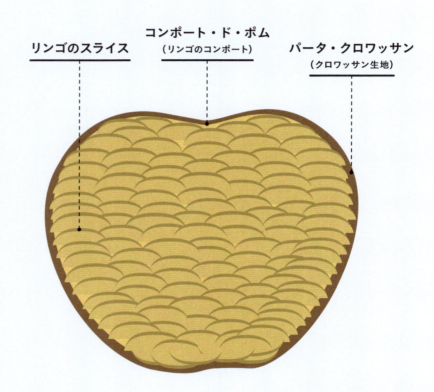

- リンゴのスライス
- コンポート・ド・ポム（リンゴのコンポート）
- パータ・クロワッサン（クロワッサン生地）

どんなお菓子？
クロワッサン生地のベースに、リンゴのコンポートと薄いスライスをのせて焼き上げたタルト。

製作時間
下準備：30分
発酵：1時間
焼成：30分〜1時間

必要な道具
ハンドブレンダー
30×40cm 天板
刷毛
紙（オーブンシート）

ヴァリエーション
パート・フイユテ（折込みパイ生地）を使ったリンゴのタルト。

美しく仕上げるポイント
生地を均一に伸ばします。
リンゴをきれいに並べます。

基本技法
伸ばした生地全体に、空気を通します（P.284参照）。

手順
コンポート⇒パータ・クロワッサン
⇒組み立て⇒焼成

材料（15人分）

パータ・クロワッサン
フランスパン粉または強力粉：250g
イースト：8g
水：60g
牛乳：60g
卵：25g
塩：5g
グラニュー糖：30g
ブール・セック
（冬季生産のバター／P.276）：125g
※通常の食塩不使用バターで代用可

デコレーション

リンゴ：2kg
（ロイヤルガラ、ピンクレディ、紅玉など）
バター：80g
グラニュー糖：80g
クレーム・エペス：300g
※生クリーム、水切りヨーグルト、サワークリームで代用可

コンポート・ド・ポム
（リンゴのコンポート）

リンゴ：500g
（ロイヤルガラ、ピンクレディ、紅玉など）
グラニュー糖：100g
水：50g

1　リンゴのコンポートを作る。リンゴの皮と芯を取り除き角切りにする。鍋に入れて、グラニュー糖と水を加えて強火にかける。スパチュラで混ぜながら、水分が十分に蒸発して、砂糖漬けのような状態になるまで煮詰める。ハンドブレンダーでかく拌して冷ます。

2　パータ・クロワッサンを作る（P.25参照）。生地を作業する30分前に冷蔵庫から出しておく。形が崩れないように、生地を回しながら麺棒で伸ばし、厚さ3mmの長方形にする。生地を軽く持ち上げて、全体に空気を通す（P.28+参照）。まだ厚すぎるようであれば、もう一度、麺棒で伸ばす。紙を敷いた天板に生地をのせ、1のコンポートをパレットナイフで全体に塗り広げるか、絞り袋でジグザグに絞り出す。

3　リンゴをスライスする。半分にカットして皮と芯を取り除く。ナイフで薄くスライスして、2の表面を覆うように、リンゴを1列ずつ、きれいに並べていく。30℃のオーブン、または30℃くらいの暖かい所で1時間ほど、発酵させる。

4　オーブンを180℃に温める。バターを鍋に入れて溶かし、刷毛でリンゴの表面全体に塗り、グラニュー糖を振りかける。オーブンで30分ほど焼く。タルトをパレットナイフで持ち上げて、底面に均一な焼き色がついたら、金網の上に出して粗熱を取る。均等に切り分けて、クレーム・エペスを添える。

MILLEFEUILLE

ミルフイユ

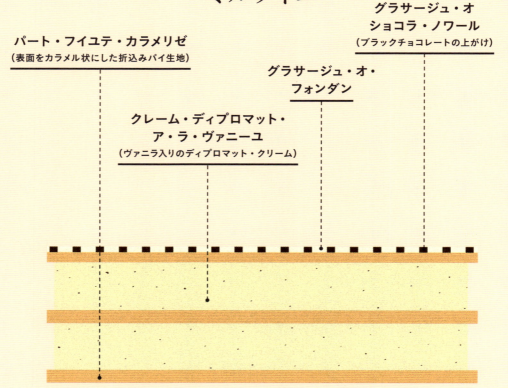

パート・フイユテ・カラメリゼ
(表面をカラメル状にした折込みパイ生地)

クレーム・ディプロマット・ア・ラ・ヴァニーユ
(ヴァニラ入りのディプロマット・クリーム)

グラサージュ・オ・フォンダン

グラサージュ・オ・ショコラ・ノワール
(ブラックチョコレートの上がけ)

どんなお菓子？
表面をカラメリゼしたパート・フイユテと、ヴァニラのクレーム・ディプロマットを交互に重ねたパイ菓子。

製作時間
下準備：1時間30分
焼成：20〜45分
冷蔵：2時間
冷凍：15分

必要な道具
絞り袋、丸口金（12mm）

ヴァリエーション
クラシックスタイル：ヴァニラ入りのクレーム・パティシエール（カスタードクリーム）で作ります。

パティシエの技
焼成時に生地が縮むので、仕上がりのサイズよりもやや大きめの長方形に伸ばします。デコレーションの15分前に、生地を冷蔵庫に入れて、少し固くしておきます。

美しく仕上げるポイント
生地の表面をカラメリゼします。
きれいな層になるように組み立てます。
グラサージュで模様を入れます。

基本技法
ゼラチンを水で戻します（P.270参照）。
口金付きの絞り袋を使います（P.272参照）。

手順
パート・フイユテ⇒クレーム・ディプロマット⇒組み立て⇒グラサージュ⇒デコレーション

材料（8～10人分）

1 パート・フイユテ・カラメリゼ

デトランプ
薄力粉：125g
強力粉：125g
水：100g
酢：10g
塩：5g
溶かしバター：30g

フイユタージュ（折込み用バター）
バター：150g
粉糖：適量

2 クレーム・ディプロマット・ ア・ラ・ヴァニーユ

クレーム・フエテ
生クリーム：100g

クレーム・パティシエール
牛乳：250g
卵黄：50g
グラニュー糖：60g
コーンスターチ：25g
バター：25g
ヴァニラスティック：1本
ゼラチン：4g

3 グラサージュ

フォンダン：250g
水あめ：30g
ブラックチョコレート：40g

1　パート・フイユテを作る（P.18参照）。30×40cmの長方形、厚さ2mmになるまで麺棒で伸ばす。紙を被せて、冷蔵庫で30分間休ませる。オーブンを180℃に温める。生地を10cm幅の帯が3枚できるように縦方向にカットする。生地の端を真っぐにカットして整える。形が崩れないように、生地を紙から剥がさず、そのまま天板にのせる。その上にもう1枚紙と天板を重ねる。上から押さえることで、焼成後の生地の厚みが均一になる。

2　オーブンに入れて15分経ったら、5分おきに焼き具合をチェックする。生地の表面と角の焼き色が同じになるまで焼く。オーブンの温度を210℃にして、生地の表面全体に粉糖を振りかけ、オーブンに数分間入れて表面をカラメリゼする。2分おきにチェックして、焦がさないようにする。金網の上に取り出して冷ます。

3　クレーム・ディプロマットを作る（P.69参照）。鍋に牛乳を入れ温め、ヴァニラスティックを加え香りを抽出させて、できあがったら、冷蔵庫に入れておく。

4　3のクレームを、口金を付けた絞り袋に詰めて、2枚の生地の上に真っぐな縦線を数本絞る。2枚の生地を重ねる。

5　ブラックチョコレートを湯せんで溶かし、絞り袋に入れて準備しておく。鍋にフォンダンと水あめを入れて温める。3枚目の生地にフォンダンをかけてパレットナイフで平らに薄く伸ばす（P.80参照）。

6　5の上に、約1cm間隔でチョコレートの線を描く。ペティナイフの先を上下交互に動かし、ジグザグ模様にする。この3枚目の生地を4の上に重ねて、冷凍庫で15分冷やす。

7　冷凍庫から出して、波刃ナイフで、1番上の生地のみを4cm間隔でカットする。シェフナイフで、1番上の生地の切れ目から下まで、一気にカットする。冷蔵庫で2時間冷やす。

MILLEFEUILLE MARRON
CASSIS

ミルフイユ・マロン-カシス

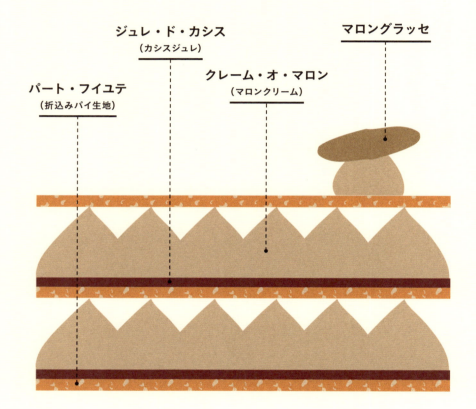

パート・フイユテ
（折込みパイ生地）

ジュレ・ド・カシス
（カシスジュレ）

クレーム・オ・マロン
（マロンクリーム）

マロングラッセ

どんなケーキ？

表面をカラメリゼしたパート・フイユテに、マロンクリームとカシスのジュレを重ねたミルフイユ。

製作時間

下準備：1時間30分
焼成：20〜45分
冷凍：2時間
冷蔵：30分

必要な道具

12×24cm 角セルクル型
またはパウンドケーキ型
絞り袋
丸口金（12mm）

美しく仕上げるポイント

パート・フイユテの表面をカラメリゼします。
きれいな層になるように組み立てます。

基本技法

ゼラチンを水で戻します（P.270参照）。
口金付きの絞り袋を使います（P.272参照）。

手順

パート・フイユテ⇒ジュレ・ド・カシス⇒クレーム・オ・マロン⇒組み立て⇒デコレーション

材料（6個分）

1 パート・フイユテ

デトランプ
薄力粉：125g
強力粉：125g
水：110g
酢：10g
塩：5g
溶かしバター：30g

フイユタージュ（折込み用バター）
バター：150g
粉糖：適量

2 クレーム・オ・マロン

マロンペースト：500g
ポマード状にしたバター：200g

3 ジュレ・ド・カシス

カシス・ピュレ：250g
グラニュー糖：30g
ゼラチン：6g

4 デコレーション

マロン・グラッセ：3個

1　パート・フイユテを作る（P.18参照）。ジュレ・ド・カシスを作る。ゼラチンを冷水で戻す（P.270参照）。鍋にカシス・ピュレ100gとグラニュー糖を入れて、軽く沸騰させる。水気を切ったゼラチンを入れ、残りのピュレを加えて泡立て器で混ぜ合わせる。紙で覆った型またはラップで覆ったパウンドケーキ型の中にジュレを流し込む。冷凍庫に入れて、最低でも2時間冷やし固める。

2　オーブンを180℃に温める。パート・フイユテを天板と同じサイズ（30×40cm）、厚さ2mmになるまで、麺棒で伸ばす。紙を被せて、冷蔵庫で30分間休ませる。生地を幅4cmの細帯になるように縦方向にカットし、さらに13×4cmの長方形18枚に切り分ける。形が崩れないように、生地を紙から剥がさず、そのまま天板にのせる。その上にもう1枚紙と天板を重ねる。上から押さえることで、焼成後の生地の厚みが均一になる。オーブンに入れて15分経ったら、5分おきに焼き具合をチェックする。生地の表面と角の焼き色が同じになるまで焼き上げる。

3　オーブンの温度を210℃に上げる。2の上に粉糖を振りかけ、オーブンに数分間入れて、表面をカラメリゼする。2分おきにチェックして、焦がさないようにする。金網の上に出して冷ます。

4　1のジュレを冷凍庫から出し、型から取り出す。12×3cmの長方形12枚にカットして、3の生地の上に1枚ずつ重ねる。

5　クレーム・オ・マロンを作る。マロンペーストをボウルに入れて、ビーター付きのミキサーでかく拌する。ポマード状にしたバター（P.276参照）を加え、高速でクリーム状にする。口金を付けた絞り袋に詰める。

6　4の上に、5のクリームを小玉状に絞っていく（P.275参照）。生地6枚は、クリームをのせず、取っておく。

7　クリームがのった生地を2つずつ、2段重ねにする。それぞれの上に、クリームののっていない生地を重ねる。完成したミルフイユの端に、クレーム・オ・マロンを花形に1つずつ絞り、その上に半分にカットしたマロン・グラッセをのせる。

GALETTE DES ROIS

ガレット・デ・ロワ（王様のガレット）

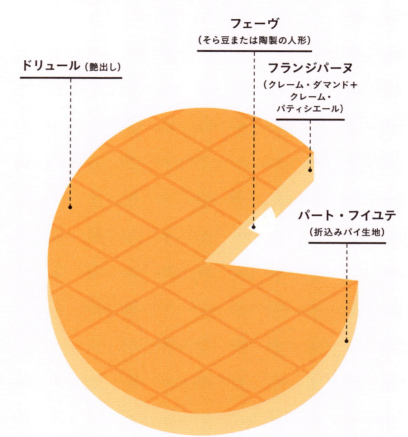

- ドリュール（艶出し）
- フェーヴ（そら豆または陶製の人形）
- フランジパーヌ（クレーム・ダマンド＋クレーム・パティシエール）
- パート・フイユテ（折込みパイ生地）

どんなお菓子？

パート・フイユテにアーモンドたっぷりの軽やかなフランジパーヌを詰めて焼いた円形のパイケーキ。キリスト教の祝祭日に頂く伝統菓子です。

製作時間

下準備：1時間
焼成：25〜45分
冷蔵：1時間

必要な道具

絞り袋、丸口金（8mm）
フェーヴ（そら豆または陶製の人形）
紙（オーブンシート）

ガレットを焼く前に
冷蔵庫で冷やすのはなぜ？

折り込んだバターをしっかりと冷やすと、焼成時に薄い生地の層がきれいに形成されます。

ヴァリエーション

ピティヴィエ（ロワレ県ピティヴィエ町の伝統菓子）：アーモンドクリームの量を2倍にします。
ラム酒入りフランジパーヌ：ラム酒30gを加えます。

美しく仕上げるポイント

生地にバターを丁寧に折り込みます。
生地とクリームをきれいに組み立てます。

基本技法

折込みパイ生地の縁に、ナイフで浅い切り込みを入れます（P.285参照）。
口金付きの絞り袋を使います（P.272参照）。
表面の艶出しのために、溶き卵を塗ります（P.270参照）。

手順

パート・フイユテ⇒クレーム・パティシエール⇒クレーム・ダマンド⇒組み立て⇒焼成

材料（8人分）

1 パート・フイユテ
デトランプ
薄力粉：125g
強力粉：125g
水：115g
酢：10g
塩：5g
溶かしバター：30g
フイユタージュ（折込み用バター）
バター：150g

2 フランジパーヌ
クレーム・ダマンド
バター：50g
グラニュー糖：50g
アーモンドパウダー：50g
卵：50g（1個）
薄力粉：10g

クレーム・パティシエール
牛乳：50g
卵黄：10g
グラニュー糖：15g
コーンスターチ：5g

3 ドリュール（艶出し）
溶き卵：1個

4 シロップ
水：50g
グラニュー糖：50g

1　パート・フイユテを作る（P.18参照）。麺棒で厚さ3mmの長方形に伸ばし、冷蔵庫で30分間休ませる。生地を直径30cmのセルクル型または大皿を使って、2枚の円形にくり抜く。

2　紙を敷いた天板の上に、1枚目の生地を置く。直径26cmのセルクル型、または1の大皿より小さめの皿を生地の上に置いて、軽く押して印をつける。印の外側の部分に溶き卵を刷毛で塗る。

3　クレーム・ダマンド（P.65参照）と、クレーム・パティシエール（P.53参照）を作る。2つをスパチュラで混ぜ合わせてフランジパーヌにする。

4　口金をつけた絞り袋にフランジパーヌを詰めて、2の生地の中心から外側に向けて、渦巻き状に絞る。2でつけた印の内側まで絞る。クリームの外側の方にフェーブを1個押し込む。

5　空気が入らないように気をつけながら、4の上に2枚目の生地をかぶせ、縁を指で軽く押さえる。ガレットの上に紙と天板を置き、ひっくり返す。こうすると、焼成時に生地が均一な厚さに膨らむ。

6　ガレットの縁を指でつまみながら、ペティナイフで浅い切り込みを等間隔に入れていく（P.285参照）。表面全体に、溶き卵を刷毛で塗り、冷蔵庫で30分間冷やす。

7　オーブンを180℃に温める。ガレットを冷蔵庫から取り出して、もう一度、溶き卵を刷毛で塗る。ガレットの上面に、ナイフの峰の先で中心から端に向かって弧を描くように、等間隔に線を入れていく（太陽の模様）。生地を貫かないように気をつける。オーブンに入れて25〜45分間焼く。スパチュラでガレットを持ち上げて、底に均一な焼き色がついているかチェックする。

8　ガレットを焼いている間、シロップを作る。鍋に水を入れて沸騰させる。グラニュー糖を加え、完全に溶けたら火からおろす。オーブンから取り出したらすぐに、ガレットの表面全体にシロップを刷毛で塗る。

MACARON À LA
VANILLE

マカロン・ア・ラ・ヴァニーユ
(ヴァニラのマカロン)

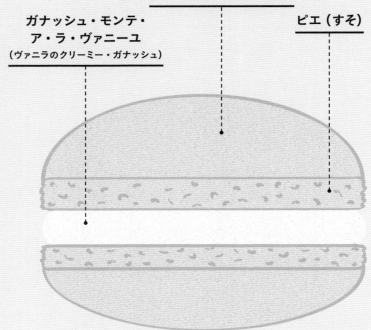

コック・ア・ラ・ヴァニーユ
(ヴァニラのビスキュイ・マカロン)

ガナッシュ・モンテ・ア・ラ・ヴァニーユ
(ヴァニラのクリーミー・ガナッシュ)

ピエ(すそ)

どんなマカロン?

ヴァニラのビスキュイ・マカロンに、ヴァニラのクリーミーなガナッシュを挟んだマカロン。

製作時間

下準備:45分
焼成:12分
冷蔵:24時間

必要な道具

絞り袋:2枚
丸口金(8mm)、丸口金(12mm)
温度計
紙(オーブンシート)

ビスキュイ・マカロンを、イタリアン・メレンゲで作るのはなぜ?

熱いシロップを加えるイタリアン・メレンゲは、他のメレンゲより安定しています。

ピエ(すそ)の縁飾りは、どのようにして形成されるのですか?

焼成時にマカロン生地に含まれる気体が膨張し、ピエ(すそ)を形成します。

美しく仕上げるポイント

マカロナージュをします(P.283参照)。
ビスキュイ・マカロンを形よく焼き上げます。
ガナッシュをふんわりと泡立てます。

基本技法

口金付きの絞り袋を使います(P.272参照)。
こし器でこします(P.270参照)。
マカロン生地を、リボン状に流れ落ちる濃度にします(P.279参照)。

パティシエの技

ふるいにかける必要のない、きめの細かいアーモンドパウダーを使います。

手順

ガナッシュ ⇒ ビスキュイ・マカロン ⇒ ガナッシュの泡立て ⇒ 組み立て

材料（ミニマカロン40個分）

1 コック・ア・ラ・ヴァニーユ

きめ細かなアーモンドパウダー：250g
粉糖：250g
ヴァニラスティック：1本
卵白：100g

2 ムラング・イタリエンヌ

水：80g
グラニュー糖：250g
卵白：100g

3 ガナッシュ・モンテ・ア・ラ・ヴァニーユ

生クリーム：200g
ホワイトチョコレート：320g
ヴァニラスティック：2本

1

2

3

4
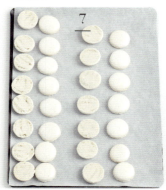

5

6

7
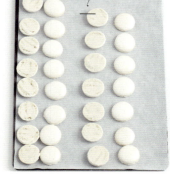

8

9
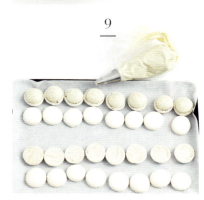

1 ガナッシュを作る。生クリームを鍋に入れて、ヴァニラスティックと中から取り出した種を一緒に加えて、香りを抽出する。軽く沸騰させたら、こし器でこしながらホワイトチョコレートの上に流しかける。混ぜ合わせたらすぐにバットに移し冷ます。表面にぴったりとラップをかけて、最低でも3時間、できれば翌日まで冷蔵保存する。

2 ビスキュイ・マカロンを作る。オーブンを150℃に温める。ムラング・イタリエンヌを作り（P.45参照）、冷めるまで泡立て器で混ぜる。

3 ボウルに、アーモンドパウダー、粉糖、ヴァニラスティックの種を入れて混ぜ合わせ、卵白を加えてカードで混ぜる。

4 3にムラング・イタリエンヌの1/3を、カードで混ぜ込む。

5 残りのメレンゲを加え、カードで全体をほどよく潰しながら混ぜ続ける。この作業をマカロナージュという（P.283参照）。

6 生地全体をカードでボウルになすりつけるように気泡をつぶし混ぜ合わせる。これを数回くり返す。生地に艶が出て、カードですくうと広がり、しばらくすると流れて平らになる状態であればよい。不十分であれば、もう一度混ぜる。

7 天板に紙を敷く。必要に応じて、型紙を使う（P.283参照）。紙を重石で押さえる。絞り袋（丸口金8mm）で、天板の上に直径3cmずつ順々に絞っていく。1列目が終わったら、次の列は半分ずらして絞り、その次の列は1列目に揃える、という配列を繰り返す（P.283参照）。乾燥した場所で、指で触っても生地がつかなくなるまで約15分乾かす。150℃のオーブンで約12分焼く。そのまま室温で冷ます。マカロンを2枚1組にする。

8 ガナッシュを泡立て器で優しく泡立ててクリーム状にする。

9 8のガナッシュを絞り袋（丸口金12mm）に詰めて、裏返したマカロンの上に、縁から5mm内側のところまで絞る。もう一方のマカロンを被せ、上から軽く押さえて、ガナッシュがマカロンの縁まで出るようにする。冷蔵庫で24時間休ませたほうがよい。

MACARON AU
CHOCOLAT

マカロン・オ・ショコラ

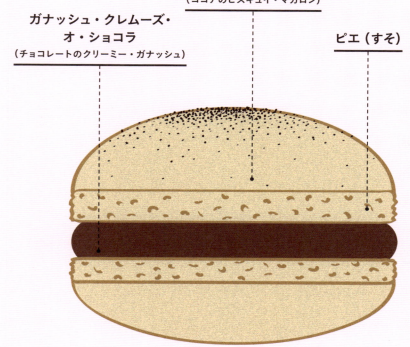

ガナッシュ・クレムーズ・オ・ショコラ
（チョコレートのクリーミー・ガナッシュ）

コック・オ・カカオ
（ココアのビスキュイ・マカロン）

ピエ（すそ）

どんなマカロン？
ココアのビスキュイ・マカロンに、チョコレートのクリーミー・ガナッシュを挟んだマカロン。

製作時間
下準備：45分
焼成：12分
冷蔵：24時間

必要な道具
絞り袋：2枚
丸口金（8mm）
丸口金（12mm）
紙（オーブンシート）

ヴァリエーション
スパイシー・チョコレートのマカロン：ガナッシュ用の牛乳にシナモンスティック1/2本、スターアニス1個、カルダモン10粒を30分間漬けて、香りを抽出します。

美しく仕上げるポイント
ビスキュイ・マカロンを、形よく焼き上げます。

基本技法
口金付きの絞り袋を使います（P.272参照）。
こし器でこします（P.270参照）。
マカロン生地を、リボン状に流れ落ちる濃度にします（P.279参照）。

パティシエの技
ふるいにかける必要のない、きめの細かいアーモンドパウダーを使います。

手順
ガナッシュ ⇒ ビスキュイ・マカロン ⇒ 組み立て

**材料
（ミニマカロン40個分）**

1 ムラング・イタリエンヌ

水：80g
グラニュー糖：250g
卵白：100g

2 コック・オ・カカオ

きめ細かな
アーモンドパウダー：250g
粉糖：220g
ココアパウダー：30g
卵白：100g

3 ガナッシュ・クレムーズ・オ・ショコラ

牛乳：500g
卵黄：100g
グラニュー糖：100g
ブラックチョコレート：400g

4 デコレーション

ココアパウダー：30g

1 ガナッシュ・クレムーズを作り（P.73参照）、冷蔵庫に入れておく。

2 ビスキュイ・マカロンを作る。オーブンを150℃に温める。ムラング・イタリエンヌを作り（P.45参照）、冷めるまで泡立て器で混ぜる。

3 ボウルに、アーモンドパウダー、粉糖、ココアパウダーを入れて混ぜ合わせ、卵白を加えてカードで混ぜる。

4 3にムラング・イタリエンヌの1/3をカードで混ぜ込む。

5 残りのメレンゲを加え、カードで全体をほどよく潰しながら混ぜ続ける。この作業をマカロナージュという（P.283参照）。生地全体をカードでボウルになすりつけるようにして気泡をつぶし、混ぜ合わせる。これを数回くり返す。生地に艶が出て、カードですくうと広がり、しばらくすると流れて平らになる状態であればよい。不十分であれば、もう一度混ぜる。

6 天板に紙を敷く。必要に応じて、型紙を使う（P.283参照）。紙を重石で押さえる。絞り袋（丸口金8mm）で、天板の上に、直径3cmずつ順々に絞っていく。1列目が終わったら、次の列は半分ずらして絞り、その次の列は1列目に揃える、という配列を繰り返す（P.283参照）。ココアパウダーを振りかけて、乾燥した場所で、指で触っても生地がつかなくなるまで約15分乾かす。150℃のオーブンで約12分焼く。

7 オーブンから出して、天板から紙ごと取り出す。そのまま室温で冷ます。マカロンを2枚1組にする。

8 1のガナッシュを冷蔵庫から取り出して、スパチュラで混ぜて、滑らかなクリーム状に戻した後、絞り袋（丸口金12mm）に詰める。

9 裏返したマカロンの上に、縁から5mm内側のところまでガナッシュを絞る。もう一方のマカロンを被せ、上から軽く押さえて、ガナッシュがマカロンの縁まで出るようにする。冷蔵庫で24時間休ませたほうがよい。

MACARON
PERLE ROUGE

マカロン・ペルル・ルージュ（赤い真珠風のマカロン）

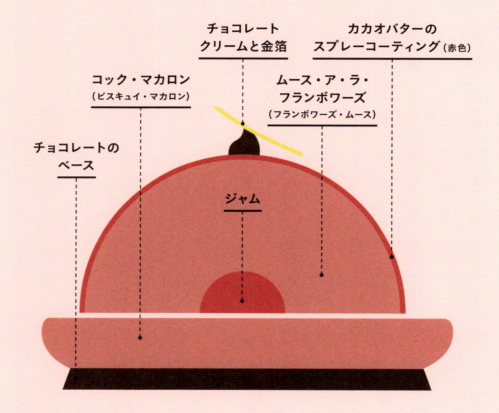

チョコレートクリームと金箔

カカオバターのスプレーコーティング（赤色）

コック・マカロン（ビスキュイ・マカロン）

ムース・ア・ラ・フランボワーズ（フランボワーズ・ムース）

チョコレートのベース

ジャム

どんなケーキ？
ビスキュイ・マカロンの上に、ドーム型のフランボワーズ・ムースをのせます。

製作時間
下準備：1時間
焼成：12分
冷凍：4時間以上

必要な道具
2cm×20個シリコンドーム型：2枚
絞り袋
丸口金（6mm）
紙（オーブンシート）

ヴァリエーション
トロピカルフルーツのマカロン：フランボワーズ・ピュレの代わりに、マンゴー・ピュレを入れます。

美しく仕上げるポイント
マカロナージュをします（P.272参照）。
ビスキュイ・マカロンを形よく焼き上げます。
カカオバターをスプレーで吹きつけて、ビロードのような質感を出します。

基本技法
口金付きの絞り袋を使います（P.272参照）。
こし器でこします（P.270参照）。
装飾用のカカオバターをスプレーで吹きつけます。
クリームを泡立て器、ゴムべらの順で混ぜ合わせます（P.270参照）。

手順
ムース・フランボワーズ⇒ビスキュイ・マカロン⇒組み立て⇒カカオバターのスプレー⇒金箔

材料（40個分）

1 コック・マカロン
きめ細かなアーモンドパウダー：125g
粉糖：125g
赤い着色料（粉末）：1g
卵白：50g

2 ムラング・イタリエンヌ
水：40g
グラニュー糖：125g
卵白：50g

3 ムース・ア・ラ・フランボワーズ
フランボワーズ・ピュレ：65g
グラニュー糖：15g
ゼラチン：2g
生クリーム：65g
フランボワーズ・ジャム：50g

4 デコレーション
ブラックチョコレート：50g
カカオバタースプレー※（赤色）
金箔
※デコレーション用のスプレー

1　ムース・ア・ラ・フランボワーズを作る。生クリームを、シャンティイ（P.63参照）のように泡立て、冷蔵庫に入れておく。ゼラチンを冷水で戻す（P.270参照）。

2　鍋にフランボワーズ・ピュレ50gとグラニュー糖を入れて加熱する。沸騰してきたら火を止め、水気を切ったゼラチンを加えて、泡立て器で混ぜる。ボウルに移し、残りのフランボワーズ・ピュレを加える。そのまま室温で冷ます。

3　2に、1で泡立てた生クリームの1/3を泡立て器で混ぜ込んだ後、残りの生クリームを加えて、ゴムべらで混ぜ合わせる（P.270参照）。

4　3のムースを絞り袋に詰めて、先端をカットしてシリコンドーム型の中に絞り出す。冷凍庫に入れて3時間以上、できれば翌日まで冷やし固める。

5　P.220と同じ手順で、ヴァニラの代わりに赤い着色料を加えて、ビスキュイ・マカロンを作る。

6　チョコレートを湯せんで溶かす。焼成したマカロンの膨らんだ側を、チョコレートの中に漬ける。紙を敷いた天板に、チョコレートの側を下にして置き、チョコレートが固まるまで待つ。

7　口金をつけた絞り袋にフランボワーズ・ジャムを詰めて、マカロンの中央にドロップ状に絞り出す。4のムースを型から取り出し、ジャムの上に置き、冷凍庫で1時間ほど冷やす。

8　赤色のカカオバタースプレーを、熱湯の入った容器の中に、15分ほど漬ける（こうすると、スプレー中のカカオバターが溶け、熱の作用でビロードのような質感が出る）。冷凍庫からマカロンを取り出し、表面にカカオバタースプレーを吹きつける。残りの溶かしチョコレートを絞り袋に入れ、その先端をカットし、ドームの頂上に点状に絞り、その上に金箔を飾る。

GÂTEAU MACARON VANILLE
FRAMBOISE

ガトー・マカロン・ヴァニーユ・フランボワーズ
（フランボワーズとヴァニラのマカロンケーキ）

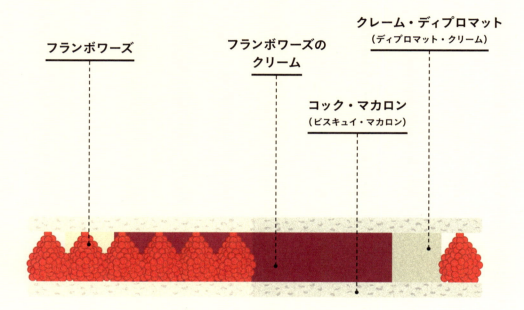

- フランボワーズ
- フランボワーズのクリーム
- クレーム・ディプロマット（ディプロマット・クリーム）
- コック・マカロン（ビスキュイ・マカロン）

どんなケーキ？

大きなビスキュイ・マカロンの間に、ディプロマット・クリームと、フランボワーズのクリームを挟んだケーキ。周りにフレッシュなフランボワーズの実を飾ります。

製作時間

下準備：1時間30分
焼成：12分
冷凍：5時間
冷蔵：2時間

必要な道具

直径10cm セルクル型
直径22cm セルクル型
絞り袋：3枚
丸口金（12mm）
丸口金（8mm）
丸口金（10mm）
ハンドブレンダー
温度計
紙（オーブンシート）

美しく仕上げるポイント

大きなビスキュイ・マカロンを、ひび割れないように焼き上げます。
ビスキュイ・マカロン、クリーム、フルーツをきれいに組み立てます。

基本技法

ゼラチンを冷水で戻します（P.270参照）。
卵黄を白っぽくなるまで泡立てます（P.279参照）。
口金付きの絞り袋を使います（P.272参照）。

手順

クレーム・ディプロマット ⇒ クレムー・フランボワーズ ⇒ ビスキュイ・マカロン ⇒ 組み立て

材料（8〜10人分）

1 コック・マカロン

きめ細かなアーモンドパウダー：250g
粉糖：250g
ヴァニラスティック：1本
卵白：100g

2 ムラング・イタリエンヌ

水：80g
グラニュー糖：250g
卵白：100g

3 クレーム・ディプロマット

牛乳：250g
卵黄：50g
グラニュー糖：60g
コーンスターチ：25g
バター：25g
ヴァニラスティック：1本
生クリーム：100g
ゼラチン：4g

4 クレムー・フランボワーズ

フランボワーズ・ピュレ：250g
卵黄：75g
全卵：100g
グラニュー糖：75g
ゼラチン：8g
柔らかくしたバター：100g

5 デコレーション

フランボワーズの実：250g

1 クレーム・ディプロマットを作る(P.69参照)。デコレーション用に200gを取り分け、残りのクリームを絞り袋(丸口金12mm)に詰める。紙を敷いた天板に、22cm丸セルクル型を置き、さらに、その中に10cm丸セルクル型を入れる。2つのセルクル型の間に、クリームを絞り出して平らにならす。冷凍庫で1時間以上冷やし固める。

2 クレーム・フランボワーズを作る。ゼラチンを冷水で戻す(P.270参照)。卵黄と全卵にグラニュー糖を加えて白っぽくなるまで泡立てる(P.279参照)。鍋にフランボワーズ・ピュレを入れ、火にかけて沸騰させる。その半分を泡立てておいた卵液の上に注ぎ、泡立て器で混ぜる。これを残り半分のフランボワーズ・ピュレの入った鍋に戻し、絶えず混ぜながら中火で加熱する。スパチュラの上に線が引けるまで煮詰める(最高85℃まで)。

3 2に水気を切ったゼラチンとバターを入れ、ハンドブレンダーで2〜3分かく拌し、40℃になるまで冷ます。冷凍庫から1を取り出し、直径10cm丸セルクル型を外す。その内側にフランボワーズのクリームを流し入れ、冷凍庫で4時間冷やす。

4 P.220と同じ手順でビスキュイ・マカロンを作る。紙を敷いた天板の上に、絞り袋(丸口金8mm)で渦巻き状に絞り、直径25cmのビスキュイ・マカロンを2枚作る(P.283参照)。乾燥した場所で、指で触っても生地がつかなくなるまで約15分間乾かす。150℃のオーブンで約12分焼く。

5 マカロンが乾かないように、天板から紙ごと取り出す。3を冷凍庫から出して型から抜き出し、ベースとなるマカロンの上に置く。

6 1で残しておいたクレーム・ディプロマットを、絞り袋(丸口金10mm)に詰めて、固まったクリームの周りに紐状に絞り、その上にフランボワーズの実を並べる。もう1枚のマカロンを上にのせる。冷蔵庫に2時間ほど入れて解凍する。

MONT-BLANC

モンブラン

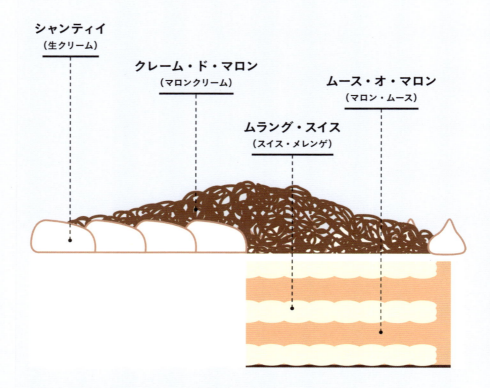

シャンティイ
(生クリーム)

クレーム・ド・マロン
(マロンクリーム)

ムース・オ・マロン
(マロン・ムース)

ムラング・スイス
(スイス・メレンゲ)

どんなケーキ？

3枚のムラング・スイスの間に、マロンのムースを挟み、シャンティイとマロンクリームで飾ったケーキ。

製作時間

下準備：2時間
焼成：2時間以上
冷蔵：2時間

必要な道具

直径22cmセルクル型
絞り袋：4枚
丸口金（10mm）
丸口金（8mm）
モンブラン口金
サントノーレ口金
ムースフィルム
パレットナイフ
紙（オーブンシート）

スイス・メレンゲを使うのはなぜ？

フレンチ・メレンゲやイタリアン・メレンゲよりもしっかりしていて、組み立ての時に扱いやすいからです。

美しく仕上げるポイント

メレンゲを乾かします。
2種類の口金を使って、飾りつけをします。

基本技法

口金付きの絞り袋を使います（P.272参照）。
ゼラチンを冷水で戻します（P.270参照）。
メレンゲの底面をチョコレートでコーティングします（P.280参照）。
湯せん鍋を準備します（P.270参照）。
クリームを混ぜ合わせます（泡立て器とゴムべら）（P.270参照）。

パティシエの技

メレンゲの底面を、溶かしチョコレート30gでコーティングすると、よりパリパリした食感が楽しめます。

手順

メレンゲ⇒ムース・オ・マロン⇒シャンティイ⇒クレーム・ド・マロン⇒組み立て⇒デコレーション

材料（8人分）

1 ムラング・スイス
卵白：100g
グラニュー糖：100g
粉糖：100g

2 ムース・オ・マロン
生クリーム：60g＋375g
ゼラチン：8g
マロンクリーム：375g

3 シャンティイ
生クリーム：300g
粉糖：60g
ヴァニラスティック：1本

4 クレーム・ド・マロン
マロンペースト：250g
ポマード状のバター：100g

5 シャブロン（コーティング）
チョコレート：30g

6 デコレーション
ココアパウダー：15g

1　ムラング・スイスを作る（P.47参照）。オーブンを90℃に温める。絞り袋（丸口金8mm）に詰めて、紙を敷いた天板に直径22cmの円形を3枚渦巻き状に絞る（P.273参照）。オーブンで2時間以上しっかり乾燥するまで焼く。

2　ムース・オ・マロンを作る。ゼラチンを冷水で戻す（P.270参照）。鍋に生クリームを60g入れ、沸騰してきたら火を止め、水気を切ったゼラチンを加えて泡立て器で混ぜる。ボウルにマロンのクリームを入れ、温めた生クリームを流し、泡立て器でよく混ぜる。

3　生クリーム375gを、シャンティイ（P.63参照）と同じ要領で泡立てる。泡立てた生クリームの1/3を2に加えて泡立て器で混ぜる。さらに、残りの泡立てた生クリームを加えて、ゴムべらで混ぜ合わせる（P.270参照）。

4　型の内側にムースフィルムを貼りつけ、紙を敷いた天板にのせる。1枚目のメレンゲに、溶かしたチョコレートを刷毛で薄く塗り（P.280参照）、チョコレートの面が底になるように裏返して型の中に敷く。3のムースを絞り袋（丸口金10mm）に詰めて、半分を1枚目のメレンゲを覆うように、渦巻き状に絞り出す。

5　4に2枚目のメレンゲを重ね、残りのムースを同様に絞り出す。その上に、3枚目のメレンゲを重ね、軽く押さえる。冷蔵庫で2時間冷やす。

6　生クリーム300gに粉糖とヴァニラスティックの種を入れシャンティイを作り、冷蔵庫に入れておく。クレーム・ド・マロンを作る。マロンペーストを、ビーター付きのミキサー（または、プラスチックの羽根つきのフードプロセッサー）でかく拌する。ポマード状のバターを加えて、全体をよく混ぜて滑らかにする。モンブラン口金をつけた絞り袋に詰める。5のケーキを冷蔵庫から出し型から取り出す。ケーキの上面と側面全体にシャンティイの3/4量を、パレットナイフで均一に塗り広げる（P.274参照）。上面の中央にクレーム・オ・マロンを麺状に絞り、ココアパウダーを振る。残りのシャンティイをサントノーレ口金を付けた絞り袋に入れ、ケーキの周りを一周するようにクネル状（ドロップ型）に絞る。

VACHERIN À LA VANILLE

ヴァシュラン・ア・ラ・ヴァニーユ
(ヴァニラアイスとメレンゲのケーキ)

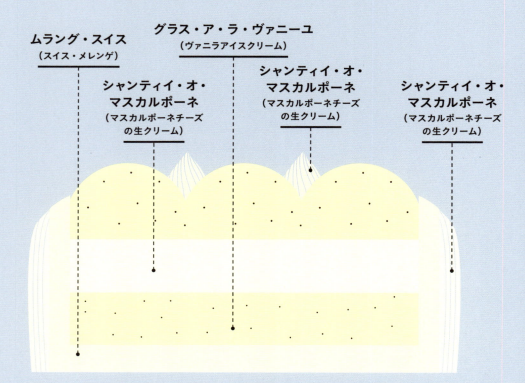

ムラング・スイス
(スイス・メレンゲ)

グラス・ア・ラ・ヴァニーユ
(ヴァニラアイスクリーム)

シャンティイ・オ・マスカルポーネ
(マスカルポーネチーズの生クリーム)

シャンティイ・オ・マスカルポーネ
(マスカルポーネチーズの生クリーム)

シャンティイ・オ・マスカルポーネ
(マスカルポーネチーズの生クリーム)

どんなケーキ?
メレンゲ、ヴァニラアイスクリーム、マスカルポーネチーズ入りシャンティイで作る冷たいケーキ。

製作時間
下準備:1時間
焼成:3〜5時間
冷凍:3時間

必要な道具
直径18cmセルクル型
絞り袋:4枚
丸口金(10mm)
丸口金(8mm)
片目口金
星口金
アイスクリームディッシャー
(直径3cm)
ビーター
泡立て器付きの卓上ミキサー、またはハンドミキサー
紙(オーブンシート)

美しく仕上げるポイント
アイスクリームを手早く扱います。

基本技法
口金付きの絞り袋を使います(P.272参照)。

パティシエの技
予め、温めたディッシャーでアイスクリームをすくい、7個を組み立てるまで冷凍庫に入れておきます。

手順
メレンゲ⇒グラス・ヴァニーユの準備⇒シャンティイ・マスカルポーネ⇒組み立て⇒デコレーション

 1

 2

 3

材料（8人分）

1 ムラング・スイス

卵白：100g
グラニュー糖：100g
粉糖：100g

2 シャンティイ・オ・マスカルポーネ

生クリーム：250g
マスカルポーネチーズ：250g
粉糖：60g
ヴァニラスティック：1本

3 グラス・ア・ラ・ヴァニーユ

市販のヴァニラアイスクリーム：1.5ℓ

1 ムラング・スイスを作る（P.47参照）。オーブンを90℃に温める。18cm丸セルクル型の内側に紙を貼りつけ、紙を敷いた天板の上にのせる。絞り袋（丸口金8mm）に詰めたメレンゲを、型の中心から渦巻き状に絞る（P.273参照）。型の内側に沿って、メレンゲを1周絞り、その上に重ねて高さ5cmの壁になるように絞る。

2 1をオーブンに入れて、最低でも3時間、メレンゲがしっかり乾燥するまで焼く。金網の上に出して冷ます。

3 アイスクリーム1/2ℓ分をボウルに入れて、ビーター付きのミキサーかスパチュラで滑らかにする。絞り袋またはスパチュラで2の中に入れて、ゴムべらで平らにならし、冷凍庫に入れておく。

4 シャンティイ・オ・マスカルポーネを作る。ミキサーのボウルにマスカルポーネチーズ、粉糖、ヴァニラスティックから取り出した種、生クリーム50gを入れる。ミキサーで優しく混ぜ、残りの生クリームを少量ずつ加える。均一に混ざったら、ミキサーの速度を上げて泡立てる。3を冷凍庫から取り出し、シャンティイを絞り袋（丸口金10mm）に詰めて、3/4量を3の上に絞り出し、ゴムべらで平らに塗り広げる。冷凍庫で1時間冷やす。

5 残りのアイスクリームを温めたディッシャーですくい、7個用意しておく。これを4の上に並べさらに冷凍庫で2時間冷やす。残りのシャンティイを、星口金をつけた絞り袋で、アイスクリームの間を埋めるように絞る。さらに、片目口金を付けた絞り袋で、ケーキ側面を一周するように縦線に絞る。食べる直前まで冷凍庫に入れておく。

SUCCÈS
AUX NOIX

シュクセ・オ・ノワ
（クルミのタルト）

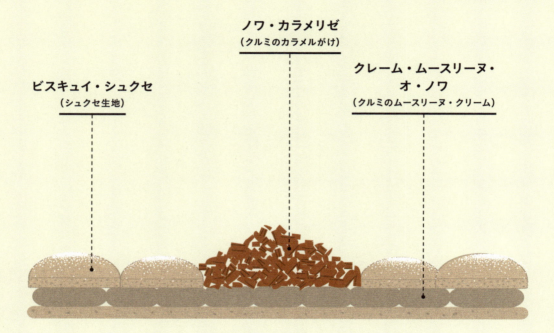

ビスキュイ・シュクセ
（シュクセ生地）

ノワ・カラメリゼ
（クルミのカラメルがけ）

クレーム・ムースリーヌ・
オ・ノワ
（クルミのムースリーヌ・クリーム）

どんなお菓子？
王冠状のビスキュイ・シュクセの間に、クルミのムースリーヌ・クリームを挟んだタルト。カラメルをかけてカリカリにしたクルミを飾ります。

製作時間
下準備：1時間
焼成：45〜55分
冷蔵：2時間

必要な道具
絞り袋：2枚
丸口金（10mm）
丸口金（12mm）
温度計
フードプロセッサー（刃つき）
紙（オーブンシート）

ヴァリエーション
クルミの代わりに、同量のヘーゼルナッツまたはアーモンドを使います。

美しく仕上げるポイント
シュクセ生地を王冠状に絞ります。
ナッツをカラメリゼします

基本技法
口金付きの絞り袋を使います
(P.272 参照)。
ナッツをローストします
(P.281 参照)。

手順
ビスキュイ ⇒ クレーム・ムースリーヌ ⇒ ノワ・カラメリゼ ⇒ 組み立て ⇒ デコレーション

材料（8人分）

1 ビスキュイ・シュクセ

薄力粉：40g
クルミパウダー：155g
グラニュー糖：130g
卵白：190g
グラニュー糖：70g

2 クレーム・ムースリーヌ・オ・ノワ

ノワ・カラメリゼ
クルミ：150g
水：30g
グラニュー糖：110g

クレーム・パティシエール
牛乳：250g
卵黄：50g
グラニュー糖：60g
コーンスターチ：25g
バター：65g

バター
ポマード状のバター：65g

3 デコレーション

刻んだクルミ：130g
水：10g
グラニュー糖：10g
粉糖：40g

1　ビスキュイ・シュクセを作る（P.39参照）。オーブンを180℃に温める。丸口金（10mm）をつけた絞り袋に生地を入れて、紙を敷いた天板の上に渦巻き状に絞り、直径22cmの円形を1枚作る。さらに、直径4cmの玉を数珠つなぎに絞っていき、直径22cmの王冠状に絞る。15～25分ビスキュイに淡く焼き色がつくまで焼く。

2　プラリネ・ノワを作る。刻んだクルミを180℃のオーブンに入れて、15分間ローストする（P.281参照）。鍋に水とグラニュー糖を入れて107℃になるまで加熱する。ローストしたクルミを加えて、絶えず混ぜながら全体にからめる。紙の上に出して冷ます。

3　2をフードプロセッサーにかけてペースト状にする。

4　クレーム・ムースリーヌを作る（P.57参照）。温かいうちに3を加える。

5　4を絞り袋（丸口金12mm）に詰めて、ビスキュイ・シュクセの外周に小さなドームを数珠つなぎに絞る。次に中心から外側に向けて渦巻き状に絞る（P.273参照）。その上に、王冠状のシュクセ生地をのせ冷蔵庫で2時間以上冷やす。

6　デコレーションの準備をする。ノワ・カラメリゼを作る。鍋に水とグラニュー糖を入れ沸騰させる。火を止めてクルミを入れ、全体をよく混ぜる。紙を敷いた天板に移し180℃のオーブンで15分、時々混ぜながら焼く。焼き色がついたら取り出して冷ます。5の上に粉糖を振りかけて、中央にノワ・カラメリゼを飾る。

244

FLAN PÂTISSIER

フラン・パティシエール
（焼プリンのタルト）

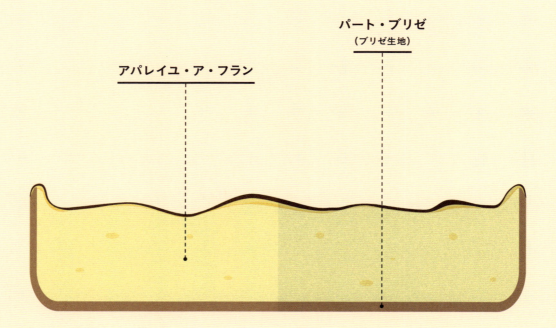

アパレイユ・ア・フラン

パート・ブリゼ
（ブリゼ生地）

どんなお菓子？
パート・ブリゼ（ブリゼ生地）にアパレイユ・ア・フランを流して焼いたタルト。

製作時間
下準備：30分
焼成：45分〜1時間
冷蔵：4時間以上

必要な道具
直径24cm丸セルクル型
紙（オーブンシート）

ヴァリエーション
フラン・エグゾティック（ココナッツ・フラン）：牛乳400gの代わりに、ココナッツミルクを加えます。冷やしたフランに、おろしたココナッツの実50gを振りかけます。

基本技法
生地を型に敷き込みます（P.284参照）。

手順
パート・ブリゼ⇒アパレイユ・ア・フラン⇒焼成

材料（6〜8人分）

1 パート・ブリゼ

薄力粉：200g
バター：100g
グラニュー糖：25g
塩：1g
水：50g
卵黄：15g

2 アパレイユ・ア・フラン

牛乳：800g
卵：4個
グラニュー糖：200g
フランパウダー：60g
ヴァニラスティック：1本

1　パート・シュクレ・ブリゼをできれば前日に作っておく(P.10参照)。麺棒で厚さ2mmに伸ばし、紙を敷いた天板にのせ、冷蔵庫で30分以上、できれば一晩寝かせる。

2　型にバターを塗り、1の生地を敷き込む(P.284参照)。冷蔵庫で1時間休ませる。オーブンを180℃に温める。

3　ボウルに、卵とグラニュー糖を入れて、白っぽくなるまで泡立て、フランパウダーを加えて混ぜ合わせる。

4　鍋に牛乳とヴァニラスティックの種を入れ沸騰直前まで温める。その半量を3に混ぜながら加える。

5　4を残りの牛乳が入った鍋に戻す。再び火にかけ泡立て器で勢いよく混ぜながら加熱する。とろみがつき、鍋底からふつふつ沸いてきたらさらにしばらく混ぜ、火からおろす。

6　型に敷き込んだ生地の中に、5を流し、オーブンで45分〜1時間焼く。粗熱を取り、冷蔵庫で3時間以上冷やす。

CHEESECAKE

チーズケーキ

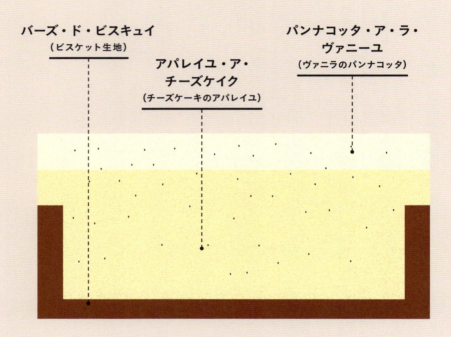

バーズ・ド・ビスキュイ
（ビスケット生地）

アパレイユ・ア・チーズケイク
（チーズケーキのアパレイユ）

パンナコッタ・ア・ラ・ヴァニーユ
（ヴァニラのパンナコッタ）

どんなケーキ？
塩味のビスケットで作ったサクサクの生地に、チーズケーキのアパレイユ、ヴァニラのパンナコッタを重ねたチーズケーキ。

製作時間
下準備：1時間
焼成：20〜40分
冷蔵：6〜24時間

必要な道具
12×24cm 高さ7cm セルクル型
紙（オーブンシート）

ヴァリエーション
ライム風味のチーズケーキ：ヴァニラの代わりに、ライム1個分の表皮をすりおろして加えます。

美しく仕上げるポイント
ビスケットのベースを優しく混ぜます。

パティシエの技
サイズを調節できる型を使う場合、チーズケーキが動いて、焼成時に形が崩れる可能性があります。調理用の紐で型の周りを縛ってしっかりと固定しましょう。ビスケットのベースを作る時は、バターが温かくなりすぎないように、ミキサーのビーター（プラスチック製の羽根）で、優しく混ぜ合わせます。この点に注意しないとその後の扱いが難しくなります。

手順
バーズ・ド・ビスキュイ ⇒ アパレイユ・ア・チーズケイク ⇒ 組み立て ⇒ 焼成 ⇒ パンナコッタ・ア・ラ・ヴァニーユ

材料（6〜8人分）

1 バーズ・ド・ビスキュイ

塩味のビスケット：260g
バター：200g
グラニュー糖：130g
薄力粉：65g

2 アパレイユ・ア・チーズケイク

卵：250g
粉糖：270g
クレーム・エペス：500g
フロマージュ・ブラン：650g
ヴァニラスティック：2本分
レモン果汁：35g
コーンスターチ：40g

3 パンナコッタ・ア・ラ・ヴァニーユ

生クリーム：300g
グラニュー糖：15g
ゼラチン：4g
ヴァニラスティック：1本

1 バーズ・ド・ビスキュイを作る。ビスケットを卓上ミキサーのボールに入れる。低速で回し粉末状にする。バター、グラニュー糖、薄力粉を加えて、全体がクリーム状になるまで優しく混ぜる。

2 2枚の紙の間に1を挟み、厚さ1cmになるまで麺棒で伸ばす。冷蔵庫で1時間寝かせる。12×24cmの長方形1枚（底用）と、24×3cmの帯2枚（側面用）にカットする。

3 紙を敷いた天板に型を置く。その底と側面に、2のカットした生地を敷き込む。

4 アパレイユ・ア・チーズケイクを作る。オーブンを120℃に温める。ボウルにフロマージュ・ブラン、クレーム・エペス、粉糖、コーンスターチを入れて、泡立て器で混ぜる。卵を加えて混ぜ、さらにヴァニラスティックから取り出した種、レモン果汁を加え、均一になるまで混ぜ合わせる。

5 4のアパレイユを3に流し込み、オーブンで20〜40分間焼く。10分おきにオーブンを数秒間開けて蒸気を外に出し、ケーキにひびが入るのを防ぐ。型をたたいた時に、クリームが少し揺れるほど固まっていればよい。室温で冷ましてから、冷蔵庫でできれば翌日まで冷やす。

6 パンナコッタ・ア・ラ・ヴァニーユを作る。ゼラチンを冷水で戻す（P.270参照）。鍋に生クリーム100gとグラニュー糖を入れ、軽く沸騰させて火を止める。水気を切ったゼラチンを加えて、泡立て器で混ぜる。残りの生クリームを加え、5のチーズケーキの上に流し、冷蔵庫で2時間冷やし固める。ガスバーナーで型の側面を少し温めてケーキを取り出し、6〜8等分に切り分ける。

MADELEINES

マドレーヌ

どんなお菓子？
貝殻の形をしたフランス・ロレーヌ地方の焼き菓子。

製作時間
下準備：15分
冷蔵：3時間
焼成：8〜15分

必要な道具
マドレーヌ型（12個型）
おろし金

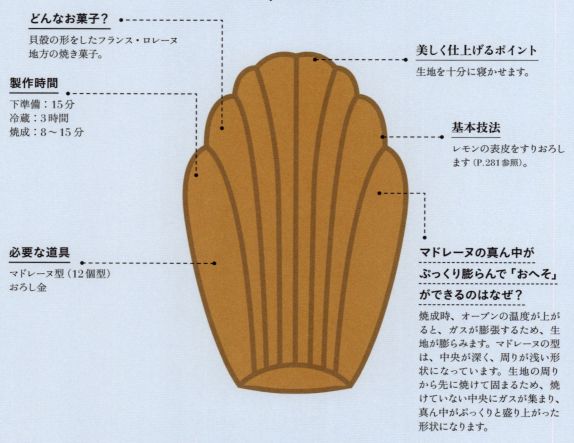

美しく仕上げるポイント
生地を十分に寝かせます。

基本技法
レモンの表皮をすりおろします（P.281参照）。

マドレーヌの真ん中がぷっくり膨らんで「おへそ」ができるのはなぜ？
焼成時、オーブンの温度が上がると、ガスが膨張するため、生地が膨らみます。マドレーヌの型は、中央が深く、周りが浅い形状になっています。生地の周りから先に焼けて固まるため、焼けていない中央にガスが集まり、真ん中がぷっくりと盛り上がった形状になります。

材料（12個分）

卵：50g（1個）
グラニュー糖：50g
蜂蜜：10g
薄力粉：50g
ベーキングパウダー：2g
バター：55g
レモン：1個

1　バターを溶かし、室温で冷ます。

2　ボウルに卵、グラニュー糖、蜂蜜を入れて、泡立て器で白っぽいムース状になるまで泡立てる。

3　レモンの表皮をすりおろして（P.281参照）加える。薄力粉、ベーキングパウダーをダマができないように、少しずつ加えて混ぜ合わせる。

4　溶かしバターを加えて、表面にぴったりとラップをかけて、冷蔵庫で3時間以上、できれば翌日まで休ませる。

5　オーブンを220℃に温める。作業する30分前に冷蔵庫から生地を出しておく。型にバターを薄く塗り、強力粉を軽くふるう。生地を絞り袋に入れ、型に7分目くらい絞り出す。オーブンを170℃に下げ、8〜15分ほど焼く。

6　焼けたらオーブンから取り出し、型から外して冷ます。

FINANCIERS

フィナンシエ

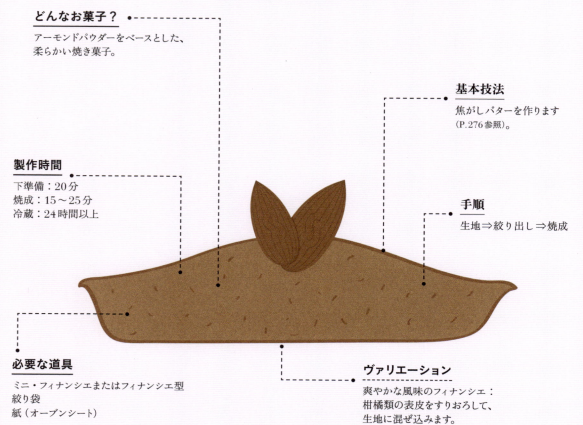

どんなお菓子？
アーモンドパウダーをベースとした、柔らかい焼き菓子。

基本技法
焦がしバターを作ります（P.276参照）。

製作時間
下準備：20分
焼成：15～25分
冷蔵：24時間以上

手順
生地⇒絞り出し⇒焼成

必要な道具
ミニ・フィナンシエまたはフィナンシエ型
絞り袋
紙（オーブンシート）

ヴァリエーション
爽やかな風味のフィナンシエ：
柑橘類の表皮をすりおろして、生地に混ぜ込みます。

焼成前に、生地をしっかり寝かせるのはなぜ？

冷蔵庫で寝かせると、生地の中のバターがしっかり固まります。焼成する30分前に室温に戻しても生地がだれずふっくらと膨らみます。

材料
（ミニ・フィナンシエ：20個分／フィナンシエ：8個分）

パータ・フィナンシエ
（フィナンシエ生地）

粉糖：60g
アーモンドパウダー：30g
薄力粉：20g
バター：50g
卵白：55g

デコレーション

アーモンド：50g

1　焦がしバターを作り（P.276参照）、粗熱をとっておく。

2　ボウルに卵白と粉糖を入れ、泡立て器で混ぜる。アーモンドパウダーと薄力粉を加えよく混ぜたら、1の焦がしバターを加えてさらによく混ぜる。表面にぴったりとラップをかけ、冷蔵庫でできれば翌日まで休ませる。

3　オーブンを170℃に温める。生地を作業する30分前に冷蔵庫から出しておく。バターを塗った型に、生地を絞り袋に入れて絞り出す。荒く砕いたアーモンドを散らし、オーブンに入れて、15～25分ほど型の大きさに合わせて焼く。

COOKIES

クッキー

どんなクッキー？
チョコチップとクルミ入りのクッキー。

製作時間
下準備：15分
焼成：10分
冷蔵：2時間

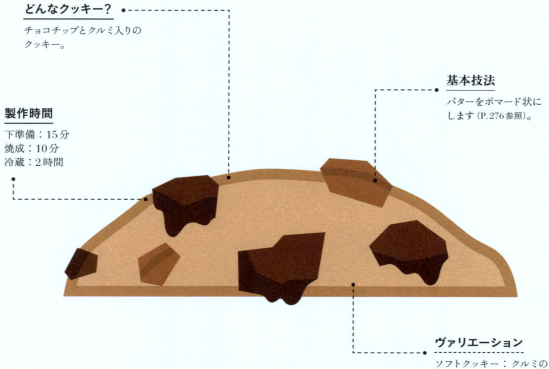

基本技法
バターをポマード状にします（P.276参照）。

ヴァリエーション
ソフトクッキー：クルミの代わりにドライアプリコットを入れます。

クッキーの食感に違いが出るのはなぜ？
生地の中のバターの状態が、クッキーの食感を決めます。バターが柔らかいと、焼成時に生地がよく広がり、よりカリッとした食感になります。

生地を寝かせるのはなぜ？
柔らかい食感を出したい時は、焼成前に生地を冷蔵庫で休ませておくとよいでしょう。

手順と保存
生地⇒成形⇒焼成
生地を棒状にしてラップでくるむと、冷凍庫で3ケ月まで保存できます。

材料（12枚分）

バター：60g
粉糖：30g
カソナード（ブラウンシュガー）：40g
卵：1個
塩：1g
薄力粉：100g
ベーキングパウダー：3g
粗く砕いたブラックチョコレート：50g
粗く砕いたクルミ：40g

1　ボウルに、バターを入れポマード状にする（P.276参照）。粉糖とカソナードを加えて混ぜる。卵、薄力粉、塩、ベーキングパウダーを加えてよく混ぜる。チョコレートとクルミを加えて、さらに混ぜ合わせる。

2　生地を直径6cmの棒状にしてラップでくるみ、冷蔵庫で2時間休ませる。

3　オーブンを160℃に温める。2を厚さ1cmの輪切りにし、紙を敷いた天板にのせて、10分ほど焼く。指で触ってみて、周りが固く中央が柔らかい状態になっていれば、オーブンから取り出す。さらに火が通らないように、クッキーを紙ごと天板から取り出す。

MOELLEUX
AU CHOCOLAT

モワルー・オ・ショコラ
(とろけるチョコレートケーキ)

どんなケーキ？
中からチョコレートがとろりと出てくるチョコレートケーキ。

製作時間
下準備：15分
焼成：8〜12分

美しく仕上げるポイント
焼き過ぎないように気をつけます。

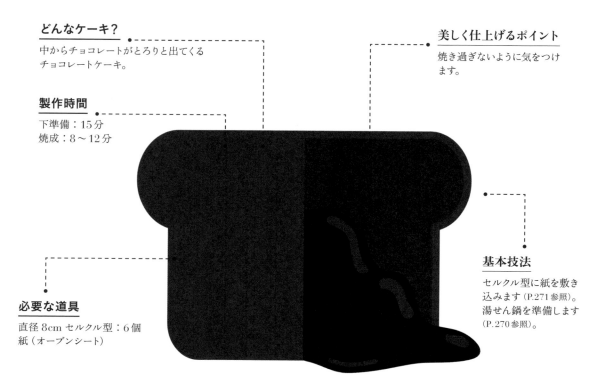

基本技法
セルクル型に紙を敷き込みます（P.271参照）。湯せん鍋を準備します（P.270参照）。

必要な道具
直径8cm セルクル型：6個
紙（オーブンシート）

材料（6個分）
バター：150g
ブラックチョコレート：150g
粉糖：100g
薄力粉：50g
卵：150g（3個）

1　オーブンを180℃に温める。セルクル型の側面に、型より少しはみ出る高さの紙をカットして敷き込んでおく（P.271参照）。

2　ボウルにチョコレートとバターを入れ、湯せんで溶かす。別のボウルで、薄力粉と粉糖を混ぜる。ダマができないように卵を少しずつ加えて泡立て器で混ぜる。溶かしたバターとチョコレートを加えて混ぜる。

3　準備しておいた型に流し最低でも8分間様子を見ながら焼く。周りがしっかり焼けて、中央が少しくぼんだ状態になり、軽く押すと液状感が感じれるくらいが、焼き上がりの目安。

ヴァリエーション

ホワイトチョコレートソース：焼成前に、生地の中心に四角いホワイトチョコレートを入れます。

パティシエの技

アルミニウム製の型を使うと熱伝導がよく、焼成と型出しがよりスムーズです。十分に焼けていないようであれば、さらに数分ほど焼成します。

CIGARETTES
RUSSES

シガレット・リュス
（ロシア風シガレットクッキー）

どんなクッキー？
タバコのようにクルクルと巻いて
棒状にしたクッキー。デザートの
お供に。

製作時間
下準備：20分
焼成：8〜10分
冷蔵：24時間以上

美しく仕上げるポイント
ふちにきれいな焼き色がつく
ように焼きます。

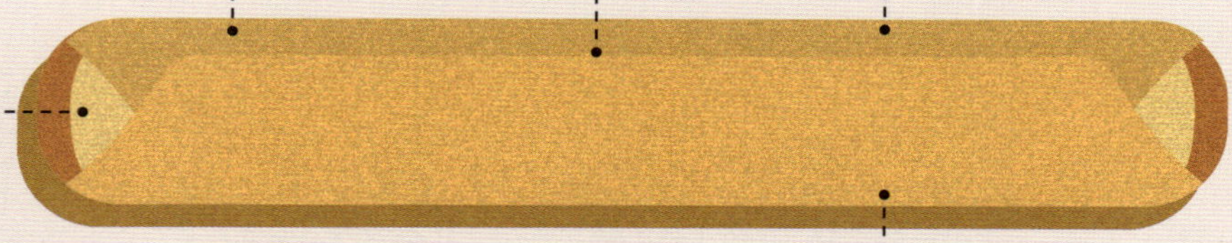

必要な道具
箸などの細い棒
紙（オーブンシート）

基本技法
焦がしバターを作ります
（P.276 参照）。

伝統用法
アイスクリームやシャーベットに添
えたり、デコレーションに。

ヴァリエーション
クリーム入りシガレット：ガナッシ
ュ・クレムーズ（P.73 参照）を中に
詰めます。クッキーがすぐに湿気
るので、早めに頂きます。

**焼成前に生地を冷蔵庫で
寝かせるのはなぜ？**
しっかり冷やすと、焼成時に生地
が広がりすぎず、焼き上がった後も、
生地が柔らかく、巻きやすくなります。

パティシエの技
生地をお箸に巻きつけて、筒状にし
ます。

材料（20個分）

バター：50g
卵白：50g
粉糖：50g
薄力粉：50g

1 ボウルに粉糖と薄力粉を入れ混ぜる。焦がしバターを作り（P.276参照）、加えたら、スパチュラで混ぜ合わせる。

2 卵白を少しずつ加え混ぜる。表面にぴったりとラップをかけ、冷蔵庫でできれば翌日まで休ませる。

3 オーブンを200℃に温める。紙を敷いた天板の上に、スプーン1杯分の生地を落とし、直径8cmの円形状にパレットナイフで薄く伸ばす（型枠を使ってもよい）。間隔を十分にあける。8〜10分ほどクッキーの縁にきれいな焼き色がつくように焼く。

4 オーブンから取り出したら、すぐに箸などに巻きつけて筒状にする。

LANGUES DE CHAT

ラング・ド・シャ

どんなクッキー？
「猫の舌」という名前のサクサク
としたクッキー。

美しく仕上げるポイント
外側が濃く、内側が淡く色づく
ように焼き上げます。

製作時間
下準備：10分
焼成：10〜15分

必要な道具
絞り袋
丸口金（8mm）
紙（オーブンシート）

基本技法
バターをクリーム状にし
ます（P.276参照）。
口金のついた絞り袋を
使います（P.272参照）。

材料（30枚分）
バター：60g
グラニュー糖：30g
卵：50g（1個）
薄力粉：60g

1　オーブンを190℃に温める。ボウル
にポマード状のバターを入れグラニュー
糖を加える。スパチュラでクリーム状に
なるまでよく混ぜる（P.276参照）。

2　卵、薄力粉の順で混ぜ合わせ、全
体をムラなく混ぜる。

3　生地を絞り袋に入れ、紙を敷いた
天板の上に間隔をあけながら、長さ
5cmの棒状に絞り出す（P.272参照）。オ
ーブンに入れて10分ほど焼く。クッキー
の縁に焼き色がつき、中心部もほんの
り黄金色になったら取り出す。すぐに紙
から剥がし、金網の上で冷ます。

ヴァリエーション

アーモンド入りラング・ド・シャ：焼成
前にアーモンドを散りばめます。
ヴァニラ風味のラング・ド・シャ：生地
にヴァニラ香料5g加えます。

ROCHER
PRALINÉ

ロシェ・プラリネ
（プラリネのガナッシュ）

どんなお菓子？
プラリネのガナッシュを岩（ロシェ）のような形にして、アーモンドダイスで覆ったチョコレート。

製作時間
下準備：30分
焼成：15〜25分
冷蔵：30分

必要な道具
温度計
紙（オーブンシート）
絞り袋

チョコレートの温度調整（テンパリング）をするのはなぜ？
テンパリングをすると、チョコレートが白くなりにくく、艶が出ます。パリパリとした食感も楽しめます。

基本技法
チョコレートのテンパリングを行います（P.86参照）。

手順
ガナッシュ⇒成形⇒アマンド・カラメリゼ⇒テンパリング⇒コーティング

材料（12個分）

ロシェのベース

プラリネ：100g
ブラックチョコレート：130g

アマンド・カラメリゼ

アーモンドダイス：150g
水：10g
グラニュー糖：10g

コーティング

ブラックチョコレート：300g
粉糖

1　チョコレートを湯せんで溶かす。ボウルにプラリネを入れ、溶かしたチョコレートを加えてスパチュラで混ぜ合わせる。

2　天板に紙を敷く。1を絞り袋に入れて、約20g分の円盤を12枚絞り、冷蔵庫で30分冷やす。手に少量の粉糖をまぶして、円盤を丸める。粉糖を使うとロシェがべたつかない。

3　アマンド・カラメリゼを作る。オーブンを160℃に温める。鍋に水とグラニュー糖を入れ沸騰させる。火を止めてアーモンドダイスを入れよく混ぜる。紙を敷いた天板の上に移し、オーブンで15〜25分、時々混ぜながら焼く。焼き色がついたら取り出して冷ます。

4　チョコレートをテンパリングする（P.86参照）。その中にロシェをからめて、フォークで余分なチョコレートを落とし取り出す。チョコレートをアマンド・カラメリゼの上にのせ、転がしまぶす。

CHAPITRE 3
LE GLOSSAIRE

第 3 章
用語解説

道具

リスト 268

基礎

2 つのクリームを混ぜ合わせる ... 270
ゼラチンを冷水で戻す 270
湯せん鍋を用意する 270
こし器でこす 270
表面の艶出しを塗る 270

型の準備

型の内側にバターを塗る 271
型の内側にムースフィルムを
貼りつける 271
天板を用意する 271
ケーキを型から取り出す 271

絞り袋と口金

絞り袋 272
口金 272
天板 272
型紙 272
絞り袋に詰める 272
絞り出す 273
渦巻き状に絞る 273

様々な絞り方

星口金 273
サントノーレ口金 273
片目口金 273
丸口金 273
モンブラン口金 273
コルネ 273

デコレーション

コポー・ド・ショコラで
コーティングする 274
マジパン／シュガーペーストで
コーティングする 274
クリームでコーティングする 274

ナパージュ（艶出し）を塗る 275
ガスバーナーで焼き色をつける .. 275
パレットナイフでドームを作る 275
絞り袋でドームを作る 275

ブール／バター

種類 276
冷たいバター 276
ブール・セック 276
バターをクリーム状にする 276
バターをポマード状にする 276
焦がしバターを作る 276

クレーム／生クリーム

種類 277
冷やす 277
泡立てる 277
固く泡立て気泡を引き締める 277
ムースを作る 277

シュクル／砂糖

種類 278
カラメル 278
シロップを作る 278
シロップを打つ 278
ペルラージュ（焼成用粉糖）...... 278

卵

種類 279
卵白と卵黄に分ける 279
卵白を白っぽくなるまで
泡立てる 279
リボン状に流れる濃度にする 279
卵白を用意する 279
卵白を泡立てる／固く泡立てる .. 279

ショコラ／チョコレート

種類 280
シャブロン
（生地底面のコーティング）...... 280

グラサージュ 280
グラサージュペースト 280
チョコレートベース 280

着色料、香味料、果物

着色料 281
香味料、アルコール、エッセンス 281
柑橘類の表皮 281
柑橘類の表皮を砂糖漬けにする 281
ナッツをローストする 281

シューの作り方

シュー生地を作る 282
クラクラン（クランブル）.......... 282
生地を絞る 282
シューを焼く 282
クリームを注入する 282

マカロンの作り方

マカロナージュ 283
型紙と絞り出し 283
焼成 283
保存 283

パート／生地

打ち粉をする 284
生地を伸ばす 284
生地を粒状にする 284
生地を前方へ押し伸ばす 284
生地のガス抜きを行う 284
生地全体に空気を通す 284
生地をまるめる 284
生地を型に敷き込む 284
仕上げ 285
生地の焼成 285
焼き具合の確認 285

USTENSILES／道具

1　泡立て器、ゴムべら、カード

2　刷毛

3　使い捨ての絞り袋

4　パレットナイフ
　　L字型パレットナイフ

5　ざる、ふるい

6　口金

7　波刃ナイフ、シェフナイフ
　　ペティナイフ

8　金網、麺棒

9　フッ素樹脂加工の天板
　　シリコン製のベーキングマット
　　（Silpat® など）
　　ムースフィルム、紙（オーブンシート）

USTENSILES／道具

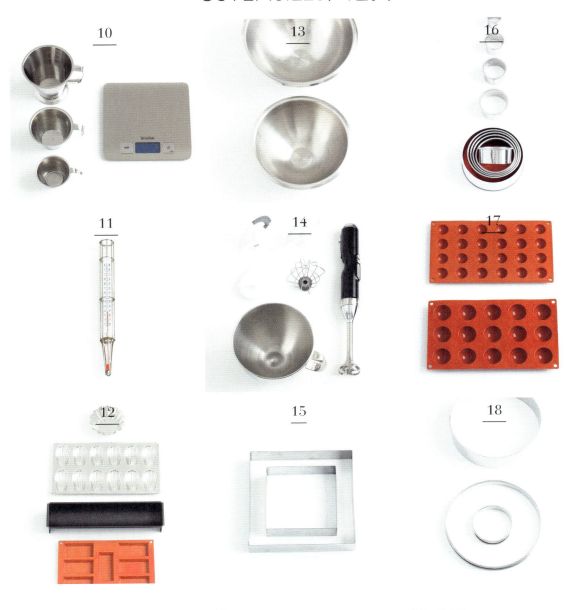

10 計量カップ、デジタルスケール

11 温度計

12 ブリオッシュ型、マドレーヌ型
ビュッシュ型（桶型）、フィナンシエ用
シリコン型

13 ボウル

14 ミキサー（ボウル、ビーター、
ドゥフック、羽根、泡立て器）
ハンド・ブレンダー

15 角セルクル型、カードル

16 抜き型

17 シリコンドーム型

18 アントルメ用セルクル型
タルトセルクル型

BASIQUES／基礎

1 2つのクリームを混ぜ合わせる

2段階に分けて混ぜる。まず1/3量を加えて、泡立て器で勢いよく混ぜて軽さを出す。次に残しておいた2/3量を加えて、軽やかな質感を保つためにゴムべらで優しく混ぜ合わせる。時間を短縮したい時は、2/3量を、泡立て器をゴムべらのように使って混ぜ合わせてもよい。材料が均一に混ざっているかどうか、ゴムべらで確認する。

2 ゼラチンを冷水で戻す

板ゼラチンは乾燥しているので、クリームの中でよく溶けるように、冷水でふやかす。戻し足りないと、クリームの中の水分を吸収してしまい、クリーム全体が縮んでしまう。

冷水を入れたボウルにゼラチンを浸す（低温のほうがよくふやける）。15分以上水に浸す。

他の材料と混ぜる前に、両手で挟んで、水気を切る。

ゼラチンは凝固剤で、つなぎの役目を果たす。比較的早く固まるため、ゼラチンをクリームに加えたら、そのゲル化作用があるうちに使用する。冷蔵庫で保存する場合は、使用前に泡立て器で混ぜてコシを戻す。

3 湯せん鍋を用意する

湯せんは、材料を直接火に当てず、蒸気で温めるテクニック。熱が急激に伝わらないため、材料をゆっくり温めることができる。チョコレートが焦げたり、卵が凝固したりするのを防ぐ。

大鍋とボウルを用意する。ボウルは、底が熱湯に触れず、鍋に重ねることのできるサイズのものを選ぶ。大鍋に水を入れてかすかに沸騰させる。材料を入れたボウルを湯せん鍋に重ねる。ボウルの底が熱湯に触れないようにする。

4 こし器でこす

不要な固形物を取り除くために、目の細かいふるい、またはざるを使って、材料をこす。クレーム・アングレーズからヴァニラスティックを取り除いたり、アーモンドパウダーなどの粉のきめを細かくするために使う。また、グラサージュなどの液体を滑らかにすることもできる。

5 表面の艶出しを塗る

全卵または卵黄を溶く。刷毛に含ませ、余分な液を落としてから、シュー、ガレット、ブリオッシュの表面に薄く塗る。

PRÉPARER UN MOULE／型の準備

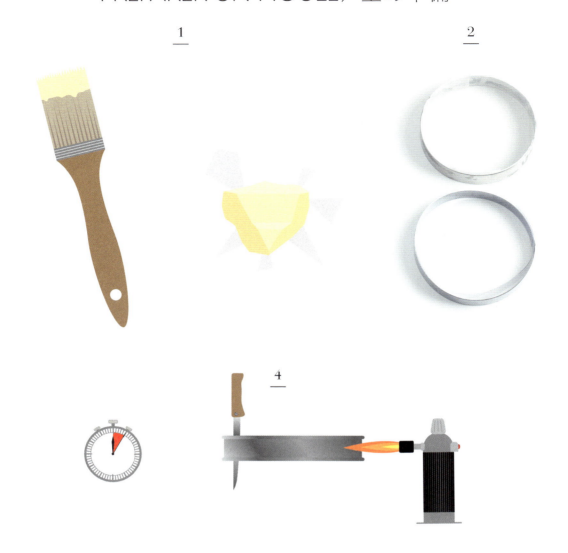

1 型の内側にバターを塗る
焼成後にケーキを型から取り出しやすくするための下準備。タルトの場合、バターを塗ることで、生地が型にくっつき、焼成中に生地が沈下しにくくなる。
柔らかくしたバターを、刷毛またはキッチンペーパーで型に塗る。なおモワルー（柔らかい菓子）の場合は、溶かしバターを使う。

2 型の内側にムースフィルムを貼りつける
材料が型の内側にくっつかないようにするための下準備。ムースフィルムまたは紙（オーブンシート）を使う。ムースフィルムを使う場合は、ケーキの高さに合わせて幅4cm、または6cmのものを選び、型の円周よりも2cm長めにカットする。紙を使う場合は、バターを内側に塗って貼りつける。

3 天板を用意する
フッ素樹脂加工したものもあるが、多くの場合、オーブンシート（紙）やシリコン製のベーキングマット（Silpat®）などを天板に敷く必要がある。ベーキングマットはマカロン作りに最適だが、シュー作りには適さない。オーブンシートは非常に便利だが固定しにくい。

作業する時は、紙の端を洗濯バサミでとめるか、紙の下の部分を重石で押さえる。その上に生地を絞り、紙が動かないほどの重さになったら重石を取り外す。

4 ケーキを型から取り出す
ムースフィルムや紙を型の内側に貼りつけておくと、型から取り出しやすくなる。何も貼りつけない場合、以下の方法で型から抜き出すことができる。

ガスバーナーを使う
ケーキを冷凍する。型から取り出す際に、ガスバーナーの火を各側面に5秒ほど当てる。ケーキが溶けて焦げた味がつく危険性があるので、火を当てすぎないようにする。型から取り出した後、場合によっては冷凍庫に戻して周りを固める。イチゴは冷凍できないので、この方法はフレジエには適さない。

ナイフを使う
熱したナイフの刃をケーキと型の間に通す。

お湯に浸ける
ビュッシュ型などの底のある型の場合、ケーキにかからないようにお湯に浸ける。

UTILISER LA POCHE À DOUILLE／絞り袋と口金

1 絞り袋
衛生上の問題がない、使い捨ての絞り袋が最適。口金がなくても、先端をカットすれば、クリームをタルト台に注入する、菓子にクリームを絞る、グラサージュの細い線を描く、などの作業ができる。この場合、クリームなどを詰めた後、袋の先を親指と人差し指で挟み、中身が垂れないように気をつける。

2 口金
材質はプラスチック製またはステンレス製。モンブラン口金、サントノーレ口金（切り込み入り）などの様々な形の口金がある。絞り袋を垂直に持つか、斜めに持つかで、絞った後の形状が変わってくる。口径のmmに合わせて、番号がついている。例えば、口径10mmの口金はNo.10。

3 天板
紙（オーブンシート）を敷いた天板、フッ素樹脂加工の天板、シリコン製のベーキングマットの上に絞り出す。

4 型紙
大きさを揃えるために、型紙を使う。大きな紙に、コップや抜き型の輪郭に沿って円を描く。円を縦1列に並べて描いたら、次の列は、位置を半個分ずつ下にずらして描き、その次の列は1列目と同じ位置に戻す、という配列を繰り返す。この型紙を天板に敷き、その上にオーブンシートを重ねる（あるいは、オーブンシートに直に輪郭線を描いて、天板に裏返して敷き、絞ってもよい）。紙が動かないように、重石で固体して絞るとよい。

5 絞り袋に詰める
口金を袋の先まで入れる。口金がぴったりとはまるように印をつけて、袋の先端をカットする。口金を穴にはめ込んで先端を出す。袋の根元の部分をひねり、口金の中にねじ込む。この部分が「栓」となり、中身を入れる時に下から漏れるのを防ぐ。袋の上部を手に被せるように外側に折り返す。生地をゴムべらに取り、絞り袋に入れる。袋を支えている手に、ゴムべらを押しつけて生地を袋の中にそぎ落とす。中身が上から漏れないようにするために、袋の2/3まで詰める。袋の折り返した部分を戻し、中身を下へ押しながら、袋の上部を軽くねじる。口金の部分を引っ張って、ねじ込んでおいた「栓」の部分を引き出して、中身を口金の先端まで押し出す。

DÉCORER À LA POCHE À DOUILLE／様々な絞り方

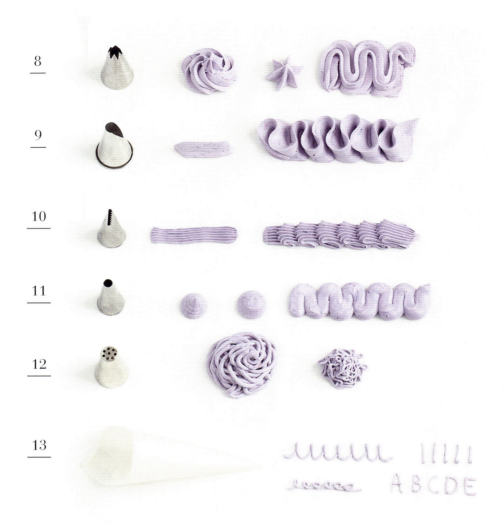

6 絞り出す
円形やドームを作る時は、絞り袋を垂直に持ち、エクレアを作る時は袋を斜めに持つ。片手で中身を押し出し、もう一方の手で袋を支え、移動させる。中身の量が少なくなってきたら、袋の上部をねじって、中身を先端に集める。

7 渦巻き状に絞る
大きな円形の土台を作ったり、ケーキにクリームを重ねたりする時に、絞り袋を使う。表面全体に均一な厚さの層を作ることができる。中心から外側へ向けて、できるだけ同じ力加減で、均一な厚さになるように、紐状の生地（クリーム）を隙間をあけずに渦巻き状に絞り出す。一気に絞ったほうがよい。

8 星口金
星、花、波の模様を描くことができる。波を描く時は隙間があかないように絞る。

9 サントノーレ口金
直線、波線を描くことができる。絞り袋を持ち上げず一気に絞り出す。

10 片目口金
直線やギザギザの入った波模様を描くことができる。波模様は、絞った線の上に口金を素早く戻して、次の線を少し重ねるように絞る。

11 丸口金
絞り袋を天板に対して垂直に持ち、円形、ドーム状に絞る。波線を描く時も同様。

12 モンブラン口金
細麺状のクリームを、ケーキ表面全体に渦を描くように絞る。

13 コルネ
紙（オーブンシート）を三角形にカットする。一番長い辺の中心を頂点として巻き、先が尖った円錐形になるようにきつく巻く。巻き終わりの部分を内側に折り込む。
グラース・ロワイヤルまたはフォンダンをコルネの半分まで入れて、口の部分を折って閉じる。中身を下のほうへ押して、コルネの先端をハサミで切る。

表面に滑らせる方法：ケーキの表面にやや力を加えてもよい場合は、コルネの先端を表面につけて、ペンで書くように細い線を入れる。

表面に垂らす方法：ケーキの表面に力を加えることができない場合は、コルネの先端を表面から離して、上から垂らすように細い線を入れる。

DÉCORER／デコレーション

1 コポー・ド・ショコラ（チョコレート・コポー）でコーティングする

まず、ケーキの表面を、グラサージュまたはクリームで覆ってから、チョコレート・コポーを貼りつける。コポーは溶けやすいので、手早く作業する。ケーキの上面にまんべんなく振りかけて、側面には手のひらで押しながら貼りつける。

2 マジパン／シュガーペーストでコーティングする

片栗粉で軽く打ち粉をした台の上で、厚さ2mmになるまで麺棒で伸ばす。ケーキの上に被せて、側面の部分を上から下へと優しくなでつけて、ひだができないように貼りつける。余分なマジパンをペティナイフで切り落とす。アーモンド22％のマジパンを使う。それ以上だと、麺棒で伸ばしにくくなる。シュガーペーストも同様に扱う。一般的にマーガリンが配合されているため、やや人工的な風味となる。

3 クリームでコーティングする

ケーキの上にクリームをのせる。上面から側面という順で、パレットナイフで均一な厚さになるように、平らに塗り広げる。固めのクリーム（シャンティイ、クレーム・オ・ブール、ガナッシュ）を使う。

DÉCORER／デコレーション

4

7

5

6

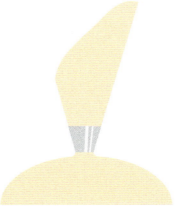

4 ナパージュ（艶出し）を塗る

タルトやケーキにのせたフルーツの艶出しのために、ナパージュを塗る。

ナパージュを沸騰させて、素早く刷毛で塗る。アプリコットのナパージュが一般的で、専門店で販売している。ミキサーにかけたジャムまたはジュレを代用してもよい。

5 ガスバーナーで焼き色をつける

クレーム・シブーストやムラング・イタリエンヌなどの表面のみに焼き色をつけることができる。クレーム・ブリュレなどの砂糖で覆った表面を、カラメリゼすることもできる。ケーキから20cmほど離して、焦がさないように火をまんべんなく当てる。

6 パレットナイフでドームを作る

大きめの丸口金をつけた絞り袋で、クリームをケーキ上面に絞り出す。パレットナイフを上から下へと滑らせて、ドーム状に整える。頂上の部分は丸くしても、少し尖らせてもよい。クリームがあまり移動しないように、パレットナイフを平らにして当てる。

7 絞り袋でドームを作る

大きめの丸口金をつけた絞り袋で、クリームをケーキ上面に絞り出す。口金を動かさず、一点絞りで、上から一定の力で押さえながら絞り続ける。ドーム状になったら、押さえるのを止めて、頂上に角ができないように、口金を少し横にずらしてクリームを切る。

BEURRE／ブール／バター

2

4

6

1　種類

ブール・クリュ（無処理の生クリームで作ったバター※）、またはブール・ファン（低温殺菌したバター※）を使用する。いずれも、乳脂肪分は約82％。バターを生地やクリームなどに入れると、風味、とろみ、あるいはほろっと砕ける食感などを出すことができる。少し塩味をつけたい時（風味を高めるため）は、食塩不使用バターを使用し、塩の分量を正確に量ったほうがよい。

2　冷たいバター

他の材料と混ぜ合わせる時に、しっかり冷やしたバターを加える必要のあるレシピがいくつかある（パート・サブレなど）。薄力粉に完全に練り込まないように気をつける。生地の中に残るバターの小片が、焼成時に気泡を形成することで、ほろほろと砕ける食感が出る。

3　ブール・セック（冬季生産バター）※

バターの融点は、生産の季節、乳牛の飼料によって変わる。冬に生産されたバターは固く、融点が高い（32℃以上）。折込みパイ生地などの生地に使われることが多い（折込み用バターとも呼ばれる）。バターを扱う時間が長いレシピに向く。フランスでは専門店で販売している。

4　バターをクリーム状にする

バターまたはバターと砂糖の混合物を、泡立て器で勢いよくかき混ぜて、ムース状、クリーム状にする。予めポマード状に柔らかくしておいたバターを使う。

5　バターをポマード状にする

ポマード状になるまで柔らかく練ったバター。他の材料と混ぜる時、ダマになりにくく、滑らかな仕上がりになる。
バターを細かくカットして、室温で、あるいは低温加熱（溶かさないように気をつける）で柔らかくして、スパチュラか泡立て器で練る。

6　焦がしバターを作る

バターを弱火で溶かすと、水分が蒸発し、「ヘーゼルナッツ」のような茶色の液体になる。カゼイン（バターのタンパク質）の作用で色が濃くなり、香ばしい風味が増す。

※日本では入手困難です

CRÈME／クレーム／生クリーム

1 種類

フランスには、様々な種類の生クリームがある。殺菌処理をしていない純生タイプ、低温 (80℃) 殺菌タイプ、超高温殺菌タイプがある。牛乳から製造された、生クリーム1kg当たりの乳脂肪分が300g (30%) のものを使用する。フレッシュクリームとは、純生、低温殺菌タイプのことをいう。液体状、または乳酸菌を添加した半固形状のものがある。製菓では、乳脂肪分30% (※日本では、35〜38%) の生クリームを使用する。泡立てやすく、風味もよい。

2 冷やす

生クリームは冷たくしないと、乳脂肪分の結晶が形成されず、泡立てた状態が安定しない。さらに、ボウルや泡立て器などの道具も、使用前に冷蔵庫で冷やしたほうがよい。冷温が伝わりやすいステンレス製の道具を使用する。

3 泡立てる

ケーキに軽やかさを出すために、生クリームを泡立てる。
ボリュームが2倍になるまで、生クリームを泡立て器で勢いよくかき混ぜる。気泡の周りで結晶化した乳脂肪分により、空気を含んだふんわりとした形状が保たれる。泡立て器付きの卓上ミキサー、ハンドミキサー、または泡立て機能のあるフードプロセッサーを使用する。

4 固く泡立て気泡を引き締める

泡立てが終わったら、泡立て器を大きくゆっくりと回して、きめの細かい泡にする。十分に引き締まり、マットな質感になったら止める。混ぜすぎると分離してしまうので、要注意。

5 ムースを作る

フランスでは、泡立てた生クリームを加えて混ぜたものをムースと呼ぶ。気泡を含んだ生クリームの作用で、ムース特有のふんわりした食感が出る。

SUCRE／シュクル／砂糖

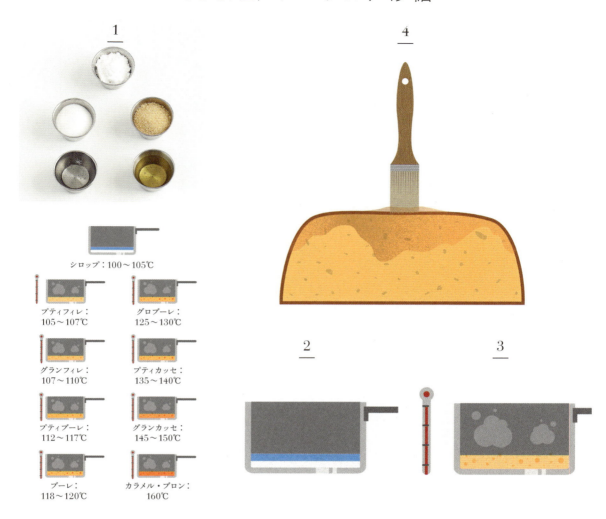

1 種類

風味やサクサクの食感を出す、発酵生地中の酵母の栄養分となる、焼き色をつける、ケーキに浸み込ませるなど、砂糖の役割は実に様々である。

精白糖：昔から製菓に使用されている、精製された砂糖。

粉糖：グラニュー糖を細かい粉末状にして、コーンスターチ（防湿剤）を加えたもの。

ブラウンシュガー（カソナード）：サトウキビから搾った汁で作る粗糖

水あめ：コーンスターチまたはじゃがいもの澱粉から作る、粘度の高い無色のシロップ。加熱時に、砂糖が結晶化するのを防ぐ。グラサージュやヌガティーヌに使用する。

転化糖（トリモリン）：ぶどう糖と果糖の等量混合物。柔らかく滑らかな形状が持続するため、一部のレシピでは砂糖の代わりに使用される（吸湿性があり、結晶化しない）。主にグラサージュに使用される。蜂蜜で代用することもできる。

ワッフルシュガー／パールシュガー／あられ糖：シュケット（シュー菓子）などの飾りに使用するあられ状の砂糖。

2 カラメル

用途（ソース、ムース、グラサージュ、デコレーションなど）に応じて、様々な作り方がある。

クラシック・カラメル（砂糖と水で作る）：飴細工、シュー菓子のコーティング。

カラメル・ア・セック（水なしカラメル）：香りづけ（カラメル・ムース）。より濃厚な味わい。

長時間加熱したり、強火にかける必要がある場合は、水あめを砂糖に加える。砂糖が結晶化するのを防ぐ。

3 シロップを作る

清潔で乾いた鍋を使う。水と砂糖の分量を量り、混ぜずに鍋にそっと入れる。鍋の内壁に飛び散った部分を、水で湿らせた刷毛でぬぐい取り、中火で煮る。

4 シロップを打つ

アルコール入りシロップを生地に含ませる。シロップを刷毛に取り、生地をポンポンとたたく。生地が柔らかくなりすぎない程度に、たっぷりと浸み込ませる。指で押した時に、シロップが滲み出るぐらいがよい。

5 ペルラージュ（焼成用粉糖）

ふるいを使って、生地表面に粉糖を振りかける。3分後、もう一度振りかける。焼成時、2回目に振りかけた粉糖の薄膜がカリカリの粒状に変化する。

ŒUFS／卵

1 種類

全卵：50g
卵白：30〜35g
卵黄：15〜20g

マカロンなど、卵を正確に計量したほうがよいレシピがある。
卵白はタンパク質、卵黄は脂質を含む。

保存：冷蔵庫で、卵白は24時間まで、卵黄は1週間まで保存できる。

卵製品：卵（卵白、卵黄、全卵）は、様々な形状（液体、冷凍、粉末）で市販されている。正確に計量できる、衛生面で安心、時間を短縮できるという利点がある。製菓材料専門店で販売している。

2 卵白と卵黄に分ける

3 卵黄を白っぽくなるまで泡立てる

卵黄と砂糖を泡立て器で混ぜ、ムース状にする。ボリュームが2倍になる。均質な状態になるまで数分かかるので、ハンドミキサーを使ってもよい。

4 リボン状に流れる濃度にする

卵黄：卵黄と砂糖を混ぜて、スパチュラから切れ目なく、滑らかに流れ落ちる濃度に仕上げる。リボンのように流れてひだができる濃度がよい。

卵白：ビスキュイ・マカロンの材料を練りつぶすように混ぜ合わせて（マカロナージュ）、カードからリボン状に流れ落ちる濃度にする。

5 卵白を用意する

数日前に、卵黄を取り除き、冷蔵庫保存しておいた卵白を使用すると、よく泡立つ。サラサラに液化して、卵白に含まれるアルブミンが、泡立てる時に空気をしっかりと抱え込む。

6 卵白を泡立てる／固く泡立てる

卵白を泡雪状に泡立てる時は、泡立て器付きの卓上ミキサーまたはハンドミキサーを使用する。仕上げに、高速で大きく回しながら、一気に泡立て、艶と弾力のある泡にする。必要に応じて砂糖を少々加える。

CHOCOLAT／ショコラ／チョコレート

1 種類

チョコレートはカカオマス、カカオバター、砂糖などでできている。原料の配合比率は様々で、配合の仕方によって、風味と食感が異なってくる。カカオ70％のチョコレートは、平均してカカオマス35％、カカオバター35％、砂糖30％で構成されている。

クーヴェルチュール：製菓用チョコレートの中でも、カカオバターの含有量が特に多いチョコレート。熱によく反応し滑らかな液状になるので、使いやすい。一般的な製菓用チョコレートで代用できる場合が多いが、デコレーション、チョコレート細工（テンパリングが必要なもの）には、必ずクーヴェルチュールを使用する。専門店やオンラインショップで購入できる。

2 シャブロン
（生地底面のコーティング）

ビスキュイ生地の底面にチョコレートを薄く塗ると、乾燥して固まり、紙などにくっつかなくなる。

一般的な製菓用チョコレートを使用する。テンパリングはせず、湯せんで溶かす。ビスキュイ生地の片面にパレットナイフなどでごく薄く伸ばし、固まるまで待つ。ケーキの組み立て時に、チョコレートの面が底になるように裏返す。

3 グラサージュ

グラサージュを40℃に温めて、冷凍したケーキに流しかける。すぐにパレットナイフを一気に表面に滑らせて、薄い層になるように伸ばす。

4 グラサージュペースト

ココア、砂糖、植物性油脂を混ぜ合わせたもの。シャブロンに使用したり、一部のグラサージュ（オペラなど）の材料として加えたりする。

5 チョコレートベース

チョコレートは、食感の異なる様々なベースとして活躍する。例えばビスキュイ生地、ムース（チョコレート＋泡立てた生クリーム）、ガナッシュ・クレムーズ（チョコレート＋クレーム・アングレーズ＋生クリーム）、グラサージュ・ノワール（ココア）、チョコレート入りクレーム・パティシエール、チョコレートソース、デコレーションなどがある。

COLORANTS, ARÔMES, FRUITS／着色料、香味料、果物

1 着色料

脂質（チョコレート、バタークリーム）に混ざる脂溶性と、脂質が多くない材料（ビスキュイ・マカロン、砂糖細工など）に混ざる水溶性がある。

粉末：鮮やかな色がつくが、レシピに影響しない。ナイフの先または微量計で計量する。

液体：一滴ずつ加える。

レシピと着色料の種類に応じて、配合量を調節する。

チョコレート：脂溶性の着色料を使う。

ビスキュイ・マカロン：アーモンドパウダーと粉糖の中に、水溶性の着色料を混ぜる。

フォンダン：熱したフォンダンに水溶性の着色料を加える。

酸化チタン：混合物（マカロン、グラサージュなど）を白くする食用の着色料。よく混ぜて使う。

2 香味料、アルコール、エッセンス

ヴァニラ、シナモン、スターアニス、ミント、クルミ、コーヒー、ピスタチオなど：ペースト状、粉末状のものを混ぜる。あるいは脂肪分の多い液体に浸して、風味を抽出する。

キルシュ、ラム、コワントロー、グラン・マニエ、カルーアなど：加熱する場合、アルコール分が蒸発し、香りだけが残る。ケーキに浸み込ませるシロップに加える場合、アルコール分が残る。

絞出、圧搾、蒸留によるエッセンス：材料を混ぜた後に、数滴加える。非常に強いので、入れすぎないよう気をつける。

濃縮によるエッセンス（コーヒー、ヴァニラ）：材料を混ぜた後に加える。液体にしばらく浸して風味を抽出する必要がなく、すぐに使用できて低コスト（特にヴァニラ）。

3 柑橘類の表皮

酸味の強い柑橘類の表皮。表皮と果肉の間の白い綿は、苦いので取り除く。

皮むきナイフ：薄く、細長くむく（白い綿がつかない）。

ナイフ：皮をむいて、白い綿を取り除き、厚さ2mmの千切りにする。

おろし金：細かくすりおろす。鮮やかなパウダー状になる。

4 柑橘類の表皮を砂糖漬けにする

沸騰したお湯に、30秒間表皮を浸す。キッチンペーパーで水気を取る。水とグラニュー糖でシロップを作り、沸騰させてから火からおろす。菓子に加えるまで表皮をシロップに浸けておく。

5 ナッツをローストする

紙を敷いた天板にドライナッツを広げる。150〜170℃のオーブンで、サイズに合わせて15〜25分ほど炒る。香ばしい風味が増す。

ASTUCES CHOUX／シューの作り方

1 シュー生地を作る

水、牛乳、バター、塩、グラニュー糖を火にかける。バターが溶けて沸騰したら一度火からおろし、薄力粉を一気に加えて粉が見えなくなるまで木べらで混ぜる。再び火にかけ水分をとばす。すぐにボウルに移し軽く粗熱を取ったら、卵を少しずつ加え、状態のよい生地を作る。

2 クラクラン（クランブル）

カリカリとした食感を出すためのクランブル。2枚の紙の間にクラクランを広げ、冷蔵庫で冷やし固める。円型にくり貫き、焼成前にシュー生地の上にのせる。

3 生地を絞る

紙を敷いた天板、フッ素樹脂加工の天板を用意する（Silpat® などのシリコン製のベーキングマットはNG）。

シュー：8mmの口金を取りつけた絞り袋を、天板から1cm離して垂直に持つ。直径3cmの円型状に絞り出す。口金を上にあげないように気をつける。絞った生地の上で、袋を1/4回転ほどさっと回して、生地を切る。

エクレール（エクレア）：14mmの口金を使用する。絞り袋を天板に対して45度傾けて持つ。一定の力で絞り出し、袋を手早く移動させる。シューと同様に袋を少し回して、あるいはナイフで生地を切る。

王冠形／スティック形：丸いシューを互いが軽く触れ合うように、数珠つなぎに絞る。焼成時に膨らみ、ひとつなぎになる。

4 シューを焼く

淡く、さらには濃く色づくとよい。表面のひび割れに焼き色がつくまで焼く。オーブンに入れて20分経ったら、余分な蒸気を外に出す。引き続き、焼き色がつくまで焼成する（10〜20分程度）。

生地は、十分に乾燥していないと、中に注入するクリームの水分と冷蔵庫の湿度で柔らかくなり、しぼんでしまう。循環式オーブンであれば、一度に天板2枚を入れることができる。

5 クリームを注入する

ナイフの先で、シューの裏面に小さな穴を開ける。シューを片手に持ち、絞り袋につけた口金6mmの先を中に入れて、クリームを注入する。十分な重さになればOK。

ASTUCES MACARONS／マカロンの作り方

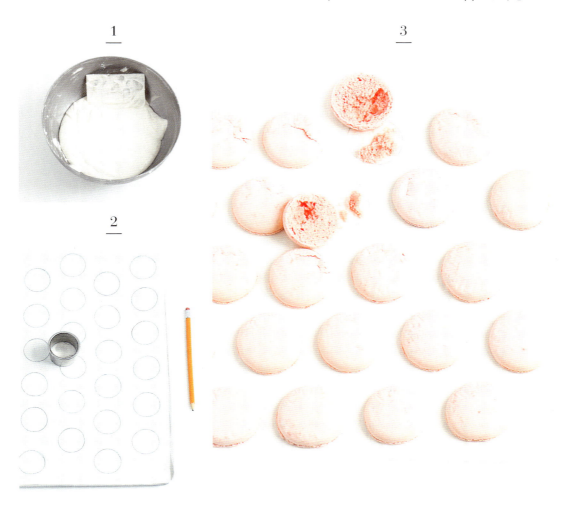

1 マカロナージュ
イタリアン・メレンゲとアーモンドペーストを、カードやゴムべらで混ぜ合わせる作業を、マカロナージュという。
生地全体をカードでボウルになすりつけるように気泡をつぶし混ぜ合わせる。これを数回くり返す。生地に艶が出て、カードですくうと広がり、しばらくすると流れて平らになる状態であればよい。不十分であれば、もう一度混ぜる。
マカロナージュをしすぎて生地が液状になると、焼成時に膨らまず平らになってしまう。反対に混ぜ方が足りないと、焼成時にくぼみやひびができてしまう。

2 型紙と絞り出し
紙に、直径3cmの円の輪郭線を縦に1列ずつ描き、次の列は位置を半分下げて描き、その次は1列目の位置に戻す。この配列を繰り返す（P.272参照）。こう配列することで、焼成時の熱の循環がよくなる。
絞り袋を垂直に持ち、輪郭線の中を埋めるように絞る。口金を天板から1cm離した状態で、袋を1/4回転ほど回して、生地を切る。生地が十分に滑らかであれば、切れた先端は自然と平らになる。

3 焼成
乾燥した場所で、指で触っても生地がつかなくなるまで約15分乾かす。ビスキュイ・マカロンは低温（150℃）で、さっと焼く（約12分）。循環式のオーブンの場合、一度に2枚の天板を入れることができる。
ヴァニラのビスキュイ・マカロンはすぐに焼き色がついてしまうので、紙を被せてもよい。10分経ったら、焼き具合を見る。指で触って、動かない固さになっていたらよい。焼きが足りなかったら、紙から剥がれない。反対に焼きすぎると、乾燥してしまうので、注意すること。
焼成後、ビスキュイ・マカロンがのった紙を、湿らせた台にのせると、紙から剥がしやすくなる。

4 保存
ビスキュイ・マカロンにクリームを挟んだ後、風味をなじませるために、冷蔵庫で24時間寝かせるとよい。クリームの風味がビスキュイ・マカロンに移り、しっとりした食感になる。

焼成後、ビスキュイ・マカロンはラップで覆った密閉容器に入れて、冷凍庫で3ヶ月間保存できる。ガナッシュやジャムを挟んだマカロンは冷凍できるが、クレーム・パティシエールの場合は不可（解凍すると変質しやすい）。

ASTUCES PÂTES／パート／生地

1 打ち粉をする：FLEURER（フルレ）
強力粉を台に薄く振って、生地がくっつかないようにする。量が多すぎると、生地の組成が変わってしまうので注意する。

2 生地を伸ばす：ABAISSER（アベセ）
打ち粉をした台の上で、生地を必要な厚さになるまで麺棒で伸ばす。できるだけ一定の力で麺棒を押し、生地を徐々に、1/4回転ずつ回しながら伸ばす。

3 生地を粒状にする：
　SABLER（サブレ）
角切りした冷たいバターと薄力粉を指先、手のひらで、つぶさないようにすり合わせて、砂のような粒状にする。

4 生地を前方へ押し伸ばす：
　FRAISER（フレゼ）
全体に均一に混ざっているか確認するために、生地を手のひらで押し伸ばす。1〜2回行う。

5 生地のガス抜きを行う：
　ROMPRE/DEGAZER
　（ロンプル／デガゼ）
発酵後、炭酸ガスを抜くために、生地を手で軽く押す。

6 生地全体に空気を通す：
　SOUFFLER（スフレ）
伸ばした生地を軽く持ち上げて、生地の底面に空気を通す。焼き縮みを防ぐことができる。

7 生地をまるめる：BOULER（ブレ）
均一に発酵するように、生地をボール状にまるめる。生地を適量に切り分けたら、打ち粉をしていない台の上で、手のひらで転がし、ボール状にする。

8 生地を型に敷き込む：
　FONCER（フォンセ）
セルクル型に生地を敷き込む。底のないセルクル型は、生地が取り出しやすく、天板に直置きするので空気が入りにくい。

型の内側にバターを塗る。生地を破らないように、麺棒に巻き取って移動させ、型の上にそっとのせる。片手で生地の縁を持ち上げて、もう片方の手で底の部分を平らになるように押さえて、側面と底のつなぎ目の部分が直角になるように敷き込む。跡がつかないように、指で軽く押さえて、型に密着させる。生地を台に広げた状態で、型のサイズに合わせて、事前にカットしておいてもよい。この場合、型の直径に、型の高さ×2倍分を足してカットする。

ASTUCES PÂTES／パート／生地

9

10

9 仕上げ

CHIQUTER（シクテ）：焼成前に、生地の縁まわりに浅い切れ目を入れる。専用の道具あるいはペティナイフで、斜めに切れ目を入れる。ガレットの場合、縁から5mm内側のラインに指を置き、軽く押さえる。ナイフの先を斜めにして、指のほうへと切れ目を入れる。

DECOUPER（デクペ）：ペティナイフを使って、あるいは麺棒を型の上で転がして、余分な生地を切り落とす。

10 生地の焼成：CUIRE LA PATE（キュイール・ラ・パート）

タルト台は一般的に空焼きすることが多いが、リンゴのタルトのようにフィリングを入れて焼くこともできる。空焼きしたタルト台に、冷たいフィリングを詰めて冷やし固めたり、温かいクレーム・パティシエールなどを詰めることができる。空焼きには様々なテクニックがある。

パート・シュクレ、パート・サブレ
生地を天板に置いたセルクル型にしっかり敷き込んでいれば、生地が浮き上がることなくきれいに焼き上がる。念のために、フォークの先でピケしたり、重石をのせるなどの下準備をすることもできる。

マンケ型などの底のある型を使う場合、生地をしっかり敷き込めず、空気が入り、浮き上がることが多いので、生地全体にフォークの先でピケし、重石をのせたほうがよい（どちらかだけでもよい）。

パート・ブリゼ、パート・フイユテ
水分が多いため、浮き上がりやすい。生地全体にフォークの先でピケし、重石をのせたほうがよい。

Piquer（ピケ）：専用の道具、フォークの先などで、生地全体に小さな穴を開ける。液状のアパレイユを流し入れる場合は、穴が大きくなりすぎないようにする。

Lester（レステ）：専用の重石または乾燥した小豆を生地にのせる。型のサイズにカットした紙を生地に被せ、その上にのせる。

11 焼き具合の確認

タルト生地：パレットナイフで底を持ち上げ、均一な焼き色がついているかチェックする。

ブリオッシュ生地：ナイフを生地の中に刺して、生の生地がついてこなければ焼けている。

ジェノワーズタイプのビスキュイ生地：指で軽く押してみて、指の跡が残らずに、押した部分が元に戻ればよい。

他のビスキュイ生地（キュイエールタイプ）：紙の下を見て、気泡の多いスポンジ状になっているかチェックする。

レシピ集

基本の生地、クリーム、ソース

パータ・フォンセ
（敷き込み生地、折込み生地）

パート・ブリゼ・シュクレ 10
パート・サブレ 12
パート・シュクレ 14
パート・フイユテ 16

パート・ルヴェ（発酵生地）

パート・ルヴェ・ア・ブリオッシュ 20
パータ・ババ 22
パータ・クロワッサン 24

パート・キュイット（加熱して作る生地）

パータ・シュー 28

パート・バテュ
（泡立ててふんわり仕上げた生地）

ジェノワーズ 32
ビスキュイ・ジョコンド 34
ビスキュイ・ア・ラ・キュイエール 36
ビスキュイ・シュクセ 38
ビスキュイ・オ・ショコラ・
サン・ファリーヌ 40

パータ・ムラング（メレンゲ生地）

ムラング・フランセーズ 42
ムラング・イタリエンヌ 44
ムラング・スイス 46

シュクル・キュイ（糖液）

カラメル 48
ヌガティーヌ 50

クレーム（クリーム）

クレーム・パティシエール 52
クレーム・オ・ブール 54
クレーム・ムースリーヌ 56
アパレイユ・ア・ボンブ 58
クレーム・アングレーズ 60
シャンティイ 62
クレーム・ダマンド 64
クレーム・シブースト 66
クレーム・ディプロマット 68
クレーム・バヴァロワーズ 70
ガナッシュ・クレムーズ 72
クレーム・オ・シトロン 74

グラサージュ（上がけ、糖衣）

グラサージュ・ノワール・ブリヤン 76
グラサージュ・ブラン 78
グラサージュ・ショコーレ 79
フォンダン 80
グラース・ロワイヤル 81

デコール（デコレーション）

パート・ダマンド（マジパン） 82
デコール・アン・シュクル 84
デコール・アン・ショコラ 86

ソース

ソース・プロフィットロール 88
ソース・オ・ショコラ・オ・レ 89
クーリ・ド・フランボワーズ 90
ソース・オ・カラメル 91

パティスリー（お菓子）

グランガトー

フォレ・ノワール 94
フレジェ 98
オペラ 102
モカ 106

アントルメ

アントルメ・トロワ・ショコラ 110
アントルメ・オ・カラメル 114
ティラミス 118
アントルメ・オ・ジャンドゥーヤ 122
ドーム・クール・グリオット 126
タルト・エグゾティック 130
シャルロット・ピスターシュ－
フリュイルージュ 134
ビュッシュ・ショコーレ 138

タルト

タルト・オ・シトロン・ムランゲ 142
タルトレット・オ・シトロン・ヴェール 146
タルトレット・シブースト－
フランボワーズ 150
タルト・オ・フレーズ 154
タルト・パッション 156
タルト・オ・ショコラ 160
タルト・ア・ラ・ヴァニーユ 164
タルト・オ・ノワ・ド・ペカン 168
サブレ・カラメル－ポム 170

シュー菓子

エクレール・オ・ショコラ 174
ルリジューズ・オ・カフェ 176
シュー・クロカン・ア・ラ・
ピスターシュ 180
パリ－ブレスト 182
サントノーレ 184
ピエス・モンテ 188

ブリオッシュ菓子

ブリオッシュ 192
ババ・オ・ラム 194
タルト・オ・シュクル 198
トロペジェンヌ 200
パン・オ・ショコラ＆クロワッサン 202
タルト・フィーヌ・オ・ポム 204

パイ菓子

ミルフイユ 206
ミルフイユ・マロン－カシス 210
ガレット・デ・ロワ 214

メレンゲ菓子

マカロン・ア・ラ・ヴァニーユ 218
マカロン・オ・ショコラ 222
マカロン・ペルル・ルージュ 226
ガトー・マカロン・ヴァニーユ－
フランボワーズ 230
モンブラン 234
ヴァシュラン・ア・ラ・ヴァニーユ 238
シュクセ・オ・ノワ 242

パン屋の菓子、あるいは焼き菓子

フラン・パティシエ 246
チーズケーキ 248
マドレーヌ 252
フィナンシエ 254
クッキー 256
モワルー・オ・ショコラ 258
シガレット・リュス 260
ラング・ド・シャ 262
ロシェ・プラリネ 264

用語解説

道具 268
基礎 270
型の準備 271
絞り袋と口金 272
様々な絞り方 273
デコレーション 274
ブール／バター 276
クレーム／生クリーム 277
シュクル／砂糖 278
卵 279
ショコラ／チョコレート 280
着色料、香味料、果物 281
シューの作り方 282
マカロンの作り方 283
パート／生地 284

材料索引

※菓子、技法で主に使用されている材料、または特徴的な材料の索引です

アマレーナ・チェリー

フォレ・ノワール 94

アマンド (アーモンド)

ガレット・デ・ロワ 214
クレーム・ダマンド 64
ヌガティーヌ 50
パート・ダマンド (マジパン) 82
パリ・ブレスト 182
ピエス・モンテ 188
ビスキュイ・ジョコンド 34
フィナンシェ 254

イチゴ

タルト・オ・フレーズ 154
フレジェ 98

ヴァニーユ (ヴァニラ)

ヴァシュラン・ア・ラ・ヴァニーユ 238
ガトー・マカロン・ヴァニーユ －
フランボワーズ 230
タルト・ア・ラ・ヴァニーユ 164
マカロン・ア・ラ・ヴァニーユ 218

オレンジフラワーウォーター

トロペジェンヌ 200

カシス

ミルフイユ・マロン－カシス 210

牛乳

クレーム・アングレーズ 60
クレーム・シブースト 66
クレーム・パティシエール 52
クレーム・ムースリーヌ 56

グリオットチェリー

ドーム・クール・グリオット 126
フォレ・ノワール 94

クルミ

ビスキュイ・シュクセ 38
シュクセ・オ・ノワ 242

クレーム・リキッド (液体状の生クリーム)

クレーム・ディプロマット 68
クレーム・バヴァロワーズ 70
シャンティイ 62

ココナッツ

タルト・エグゾティック 130

コーヒーエッセンス

オペラ 104
ティラミス 118
モカ 106
ルリジューズ・オ・カフェ 176

小麦粉 (薄力粉)

パータ・シュー 28
パータ・ババ 22
パート・サブレ 12
パート・シュクレ 14
パート・フイユテ 16

パート・ブリゼ・シュクレ 10

シトロン (レモン)

アントルメ・オ・ジャンドゥーヤ 122
クレーム・オ・シトロン 74
タルト・オ・シトロン・ムランゲ 142
マドレーヌ 252

シトロン・ヴェール (ライム)

タルトレット・オ・シトロン・ヴェール 146

シュクル (砂糖)

カラメル 48
ソース・オ・カラメル 91
デコール・アン・シュクル 84

シュクル・グラース (上がけ)

グラース・ロワイヤル 81
フォンダン 80

ショコラ (チョコレート)

デコール・アン・ショコラ 86

ショコラ・オ・レ (ミルクチョコレート)

グラサージュ・ショコーレ 79
ソース・オ・ショコラ・オ・レ 89
ビュッシュ・ショコーレ 138

ショコラ・ノワール (ダークチョコレート)

アントルメ・トロワ・ショコラ 110
エクレール・オ・ショコラ 174
オペラ 102
ガナッシュ・クレムーズ 72
クッキー 256
サン・ファリーヌ 40
ソース・プロフィトロール 88
タルト・オ・ショコラ 160
パン・オ・ショコラ 202
ビスキュイ・オ・ショコラ・
サンファリーヌ 40
マカロン・オ・ショコラ 222
モワルー・オ・ショコラ 258
ロシェ・プラリネ 264

ショコラ・ブラン (ホワイトチョコレート)

グラサージュ・ブラン 78

卵

アパレイユ・ア・ボンブ 58
ジェノワーズ 32
フラン・パティシエール 246

パッションフルーツ

タルト・エグゾティック 130
タルト・パッション 156

ピーカンナッツ

タルト・オ・ノワ・ド・ペカン 168

ピスタチオ

シャルロット・ピスターシュ－
フリュイルージュ 134
シュー・クロカン・ア・ラ・
ピスターシュ 180

ピーナッツ

アントルメ・オ・カラメル 114

フォンダン・ブラン

ミルフイユ 206

ブラウンシュガー

タルト・オ・シュクル 198

プラリネ

ロシェ・プラリネ 264

フランスパン粉

パータ・クロワッサン 24
パート・ルヴェ・ア・ブリオッシュ 20

フランボワーズ

ガトー・マカロン・ヴァニーユ －
フランボワーズ 230
クーリ・ド・フランボワーズ 90
シャルロット・ピスターシュ－
フリュイルージュ 134
タルトレット・シブースト－
フランボワーズ 150
チーズケーキ 248
マロン・ペルル・ルージュ 226

ブール (バター)

クレーム・オ・ブール 54
シガレット・リュス 260
パン・オ・ショコラ＆クロワッサン 202
ブリオッシュ 192
ラング・ド・シャ 262

卵白

クレーム・シブースト 66
ビスキュイ・ア・ラ・キュイエール 36
ムラング・イタリエンヌ 44
ムラング・スイス 46
ムラング・フランセーズ 42

マスカルポーネチーズ

サントノーレ 184

マロン (栗)

ミルフイユ・マロン－カシス 210
モンブラン 234

マンゴー

タルト・エグゾティック 130

洋ナシ

ティラミス 118

ラム

ババ・オ・ラム 194

リンゴ

サブレ・カラメル－ポム 170
タルト・フィーヌ・オ・ポム 204

レシピ & 解説／メラニー・デュピュイ

パリで人気の料理教室『アトリエ・デ・サンス』で、ジャン-バティスト・チボーとともに、お菓子のレッスンを担当する講師。ラグジュアリーホテルでパティシエールとしてデビューし、ミシュラン一つ星のレストラン『エレーヌ・ダローズ』で、ブノワ・カステルに師事。コスト兄弟が経営するグループやノマド、リュブレ・トレトゥール、エディアールなど老舗のケータリング・レストランでデザートを担当した経歴を持つ。製菓の技術と魅力を伝授するために、日々活躍している。

訳者／河 清美

翻訳家、ライター。東京外国語大学フランス語学科卒後、渡仏。フランス在住。共著書に『フランス AOC ワイン事典』(三省堂)、訳書に『ワインは楽しい!』『コーヒーは楽しい!』『ウイスキーは楽しい!』(小社刊) などがある。

主な参考文献

『仏英独＝和〔新〕洋菓子辞典』千石玲子、千石禎子、吉田菊次郎(編) 2012年(白水社)
『プロのための製法技法 生地』金子美明、鮫澤信次、森本 慎、藤生義治(著) 2010年(誠文堂新光社)
『よくわかるお菓子づくりの基礎の基礎』エコールキュリネール国立(著) 2003年(柴田書店)
『「オーボンヴュータン」河田勝彦の フランス郷土菓子』河田勝彦(編) 2014年(誠文堂新光社)
『エーグルドゥース 味の美学』寺井則彦(著) 2014年(柴田書店)
『金子美明の菓子 パリセヴェイユ』金子美明(著) 2016年(柴田書店)
『ル・コルドン・ブルーのフランス菓子基礎ノート─サブリナを夢みて〈2〉』ル・コルドン・ブルー東京校(編) 1996年(文化出版局)
『フランス菓子基本の基本─ル・コルドン・ブルーに学ぶ』ル・コルドン・ブルー東京校(編) 2000年(文化出版局)
『プロのためのわかりやすいフランス菓子』川北末一(著) 2004年(柴田書店)

美しいフランス菓子の教科書

2016年11月25日　初版第1刷発行
2018年 5 月 6 日　　　第3刷発行

レシピ & 解説：メラニー・デュピュイ
写真：ピエール・ジャヴェル
絵：ヤニス・ヴァルツィコス
技術説明：アンヌ・カゾール
翻訳：河 清美
制作協力：原田真由美／Sachi
校正：鴎来堂
デザイン・DTP：小松洋子
日本語版編集：関田理恵

発行人：三芳寛要
発行元：株式会社パイ インターナショナル
〒170-0005 東京都豊島区南大塚 2-32-4
TEL 03-3944-3981　FAX 03-5395-4830
sales@pie.co.jp

印刷・製本：図書印刷株式会社

©2016 PIE International
ISBN 978-4-7562-4809-1 C0077
Printed in Japan

本書の収録内容の無断転載・複写・複製等を禁じます。
ご注文、乱丁・落丁本の交換等に関するお問い合わせは、小社までご連絡ください。